TUSHUO
NAN SONG YUJIE

傅伯星

———著

图说
南宋御街

河北出版传媒集团

花山文艺出版社

图书在版编目（CIP）数据

图说南宋御街 / 傅伯星著. -- 石家庄 ： 花山文艺
出版社，2023.9
　ISBN 978-7-5511-6908-0

　Ⅰ．①图… Ⅱ．①傅… Ⅲ．①杭州－地方史－南宋·
通俗读物 Ⅳ．①K295.51-49

　　　中国国家版本馆CIP数据核字(2023)第163371号

书　　　名：**图说南宋御街**
　　　　　　Tushuo Nan Song Yujie

著　　　者：傅伯星

统筹出品：浙江大春传媒有限公司　南宋书房
特约编辑：赵群伟　李雪梅
责任编辑：董　舸
排　　版：壹品设计
美术编辑：王爱芹
出版发行：花山文艺出版社（邮政编码：050061）
　　　　　　（河北省石家庄市友谊北大街330号）
销售热线：0311-88643299/96/17
印　　刷：浙江全能工艺美术印刷有限公司
经　　销：新华书店
开　　本：700毫米×1000毫米　1/16
印　　张：14.75
字　　数：180千字
版　　次：2023年9月第1版
　　　　　　2023年9月第1次印刷
书　　号：ISBN 978-7-5511-6908-0
定　　价：168.00元

自序

　　自从 2009 年把杭州中山中路命名为南宋御街以来，许多年过去了，人们也叫顺了，但它的成因、来历、前身以及种种相关之事，却无一系统详尽的介绍，实在是一大缺憾。老夫年虽耄耋，闲着也是闲着，不如趁身体还行，做一番有益之事，为它写一"全传"。再说我从读书到工作，到成家立业，到报社退休，到办壁画工作室，再到打烊回家，一直在这条路上走过来走过去。它看我变老，我看它更新，也算是命中的缘分，该好好地为它写一写，也算是对它的报答。题曰《图说南宋御街》。

　　御街是官府的称呼，又叫御道、官道，南宋百姓则叫它为天街，意为天下第一街，特自豪。南宋人写诗作词皆作此言，少见说成御街的。我也是一介草民，所以书名上用"南宋御街"，免得人家一时不知究竟，内文则仍称天街，回归真本。从记载看，天街南起皇城北大门和宁门，一路北上，止于观桥；按今天的公交站点，南起凤山门，北上依次为太庙、鼓楼、河坊街、羊坝头、水漾桥、官巷口、平海街、众安桥、贯桥，共十站，号称十里天街。除此以外，紧挨在天街东侧的市河，西侧的清湖河（已填没至浣纱河一段）与后市街，以及鼓楼外的中河西岸，吴山东下，都算在本书叙述范围之内，除了个别情况，这一范围以外的事暂且不谈，否则杳无边际，不是老夫所能承受的。

　　必须说明的是，我从二十世纪八十年代开始研读南宋杭州地方史，至今已有四十年，为了弄清其间的问题，反复研判、过滤，以求其真，结果发现我之所见，与已经肯定的说法并不相同，甚至不协。我认为不能人云亦云，亦步亦趋，对其中有误者，应不揣浅陋，直言所思，以求明辨事理，学术有进步。

傅伯星

壬寅秋于仙林寺北

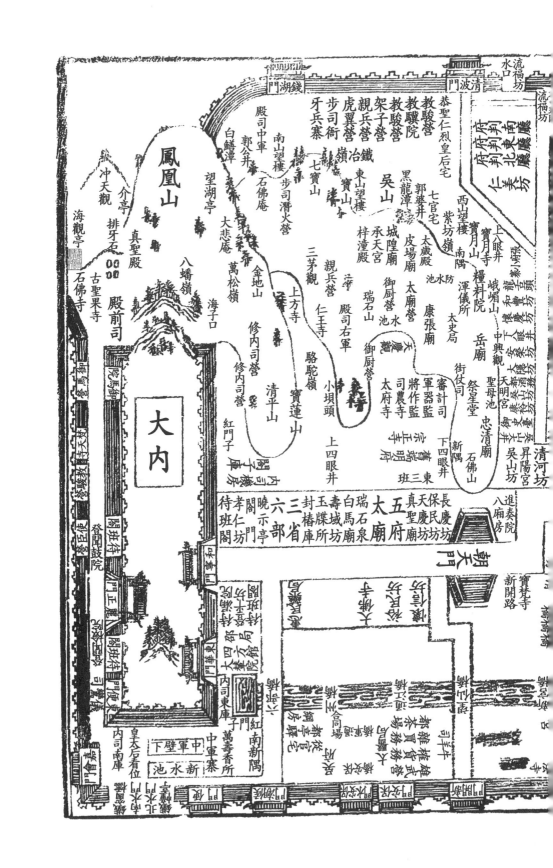

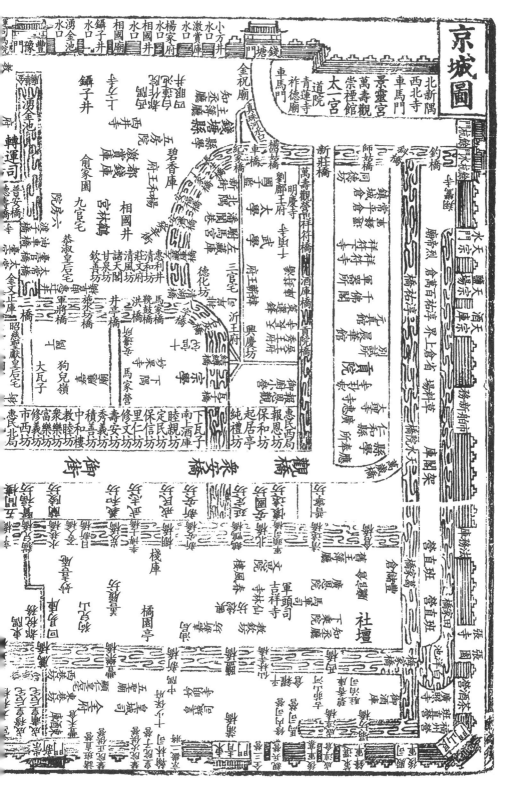

姜青青《京城图》复原图

目录

一、天街由来

　　祭祀祖宗是每个朝代和皇帝的头等大事，有一整套的礼仪、制度和不同用途的场所，除了我们熟知的太庙（今中山南路西侧），是南宋朝廷国家级的宗庙，还有景灵宫和位于皇城内的钦先孝思殿和天章阁。

　　太庙中供奉的是每一位先帝的神主牌位，一年五飨（上香致礼、进献供品）。三年一大祭，倾朝廷之力，于九月上旬举行，由皇帝亲自把宋太祖、宋太宗和宋高宗三块神主牌位从太庙请出，派大臣送到郊台上，与天地诸神合祭，故称郊祭，由皇帝亲自主祭。另两年改在宫中大庆殿举行，称明堂大礼。

　　景灵宫是皇帝私人的家庙，供奉着历代帝后的塑像。一年四祭，于每季最后一月中举行，故称四孟朝飨，"上（皇帝）亲行之"。遇先帝逝世纪念日，由宰相率百官上香，僧道作法事。次日为皇后嫔妃贵妇专场。

　　景灵宫建在余杭门（明称武林门）内西大街之西，原为赐给大将刘光世府第的屋基，始建于绍兴十三年（1143），约十年后又向南扩充，增建了殿宇、园林和东西廊庑，廊庑内墙上绘有历代配享功臣的画像，宫南新建了由内侍和僧道主持的日常管理机构崇禋馆，以及停车马场。这次是大将韩世忠献出了赐给他的府第之地。

　　最南的车马门前的两座小桥因名车桥和小车桥，可见扩建后的景灵宫几乎占了西大街（今武林路）西侧的大部分位置。

　　宫中钦先思孝殿也供神主，凡遇朔（初一）望（十五日）及先帝生辰，

"上日焚香""皆亲酌献"，上供的是居家祭祖时常用菜肴，故称家人礼。天章阁为先帝遗物陈列馆，供奉先帝画像。

绍兴十三年秋，宋高宗第一次出皇城和宁门，沿大路北上，过朝天门（鼓楼），再向北过众安桥、观桥，转西沿观桥大街，过新庄桥，至景灵宫。从此，从和宁门至观桥这条十里长街，成了皇帝朝飨景灵宫去回的专用道，这就是御街的由来。

天街自皇城和宁门（北大门）至观桥而止，过街西拐，时称观桥大街，不属于御街范围。观街以北，当时就非常冷落，两旁多寺院，包括北宋苏东坡常

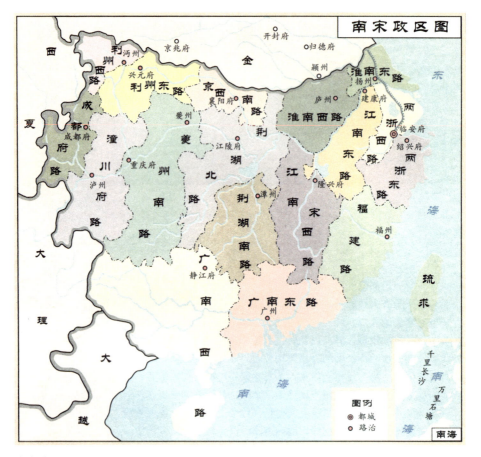

南宋政区图

去看牡丹的吉祥寺，余则为军寨和民居，皇帝不去，故也不属于御街。

南宋九帝之宋高宗画像

南宋开国之君宋高宗赵构（1107—1187），字德基。宋徽宗第九子，十六岁封康王，靖康二年（1127）五月初一日在南京应天府（今河南省商丘市）即位称帝，是为宋高宗，改元建炎元年。绍兴八年（1138）三月，下诏正式定都临安（今浙江省杭州市），十二年（1142）宋金"和议成，立盟书"。绍兴三十二年（1162）退位，入住德寿宫。淳熙十四年（1187）十月八日薨，享年八十一岁。

宋高宗虽"屈己求和""忍耻忘仇"，但因此换得了五分之二国土的保存和一个半世纪的发展空间，使南宋经济文化获得了惊世的巨大成就和进步，使杭州（即临安府）成为一代皇都，它的繁荣与先进文化，为全球所惊艳。

宋孝宗淳熙年间（1174—1189），老诗人王庭珪奉召入京，其诗《初至行在》诗云："望中楼阁入青冥，疑是长安旧帝城。十里荷花开世界，几年羁旅忆神京。老随丹诏身犹健，梦入华胥眼尚明。行尽沙河塘上路，夜深灯火识升平。"无意中说出了御街的原名和前身：沙河塘路。

要了解沙河塘路就须先了解沙河。唐代咸通二年（861）杭州刺史崔彦曾组织民工在杭州修了三条河流，把倒灌入城的潮水排泄到城北水网地带中去。由于城区原由钱塘江带下的泥沙堆积而成，这三河自西向东依次名里沙河（南宋时名市河，或小河，抗战胜利后被填没，即今光复路），中沙河（南

钱镠画像

钱镠（852—932），字具美，杭州临安县人，吴越国王，据两浙十三州，以杭州为王城，在位四十一年，谥武肃王，对杭州的格局有奠基之功

苏轼画像

苏轼（1037—1101），字子瞻，号东坡，眉州眉山人。北宋嘉祐二年（1057）进士，大文学家、书画家，两次来杭任职，先任通判，后任太守，为杭州的治理和建设功莫大焉，遗惠至今，称颂不绝

宋时名盐桥运河，即今中河），外沙河（南宋时名贴沙河），在今环城东路东侧。

杭城的发展首先要解决饮水问题，所以城区始终是自西向东推进和扩张。到了五代吴越国时期（907—978），杭州东城墙已到中河西岸，设有盐桥门，南有兵寨抱剑营（柳翠井巷）和白璧营（在南星桥一带），以加强防守。城中唯一纵贯南北的通道和商业区，只有市河西岸一线，它自北而南，一直要流到今河坊街十字路口拐东流入中河，再由中河一路向南……观桥则是吴越王钱镠为建钱明观"造此石桥"，自记建于宝正六年（931），至今已有一千多年，可知这条路的悠久历史，堪称杭州最古老的街道了！

观桥以北，店少寺多，在仙林寺北，有北宋杭州赏牡丹的胜地吉祥寺。苏轼在杭任通判时，多次来此赏花，作诗多首，其一云："醉归扶路人应笑，十里珠帘半上钩。""十里珠帘"而不是十里竹帘，点明了沿路居民的富裕。一诗跋中又云："夜归沙河塘上，观者如山。"人们争看回到凤凰山杭州府治的一代文豪兼副市长苏轼。他在《虞美人》词中又云："沙河塘里灯初上，谁家

《水调》唱？"一下子就把人拉到千年前的画面：残阳犹在，华灯初上，水波荡漾，歌声隐约，《水调》即《水调歌头》，在宋代每一首词都是可以歌唱的。短短十二个字写尽了沙河塘路的薄暮，令人如入其境，如见其景，如闻其声。可见御街的原名和前身，就是吴越国至北宋时的沙河塘路。

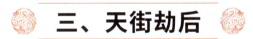

三、天街劫后

绍兴十三年宋金和议之后，经济文化的发展就进入了"快车道"，临安很快成为中国版图内的第一大都会，人口急剧增加，"南渡入杭"定居者比比皆是，到处可以听到不同地方的口音。原住民的比例小之又小，这是多年战乱造成的惨烈后果。从北宋宣和二年（1120）到建炎四年（1130）的十年间，杭州经历了四次劫难，详记如下：

一、宣和二年（1120），浙西爆发方腊暴动，十二月底杀进杭城。由于攻打嘉兴兵败，在官军的反攻下，逃出杭州，出逃前大肆烧杀，"官吏居民死者十（分之）三""再火官舍、学宫、府库与吏民之居，经夕不绝"。这是隋唐以来杭州遭受的第一次浩劫，五个多世纪积累的文明成果化为灰烬，"江南由是凋瘵，不复昔日之十（分之）一"。宣和四年（1122），劫波始平。

二、建炎元年（1127）八月中秋前，驻杭守军小校陈通率众到两浙转运司（约在今劳动路北口某宾馆一带）索讨欠饷未果，发生哗变，占领全城，大肆抢劫。周辉《清波杂志》卷三内云，"辉祖居钱塘后洋街（今竹竿巷）宅第毁于陈通之乱"。十一月在扬州的宋高宗派御营副使、都统制王渊为"杭州盗贼捉杀使"，率张俊等将入杭，将陈通等180名头领骗到州府前，全部处斩。接着以搜索余贼为名，大肆搜刮民间财宝，满载二十艘大船返回扬州。

三、建炎三年（1129）三月初五，突发"明受之变"，扈从将军苗傅、刘正彦不满宋高宗宠信内侍，赏罚不明，率军闯宫，杀内侍，逼迫高宗宣布退位，

刘松年《中兴四将图》中的韩世忠画像

韩世忠（1090—1151），延安人，十八岁从军，宣和二年（1120）首克方腊军占领的杭州余杭门。建炎三年，再次攻破苗、刘叛军把守的余杭门，韩坚持抗金二十余年，身经百战，两手仅存四指，绍兴二十一年病逝，卒赠通义郡王，宋孝宗追封蕲王。今杭州华侨饭店后有蕲王路

推举三岁皇子为帝，孟太后（宋哲宗废黜的皇后、宋高宗的伯母）垂帘听政，改年号为"明受"，引起驻外大臣张浚、吕颐浩惊觉，联合大将张俊、韩世忠起兵"勤王"，逼近杭城。四月初一，在孟太后、宰相朱胜非的配合下，宋高宗复登大位，苗、刘等逃亡被杀。

四、建炎三年十二月，金兀术（完颜宗弼）率兵攻陷杭州，宋高宗流亡东海。金兵追至海上，败归，兀术宣布"搜山检海已毕"，于建炎四年（1130）二月，原路北撤，临行"纵火城中，三日夜烟焰不绝，大掠金帛子女而去"，"临安府治，旧钱王宫也，规制宏大，金人焚荡之余，无复存者"。自杭至平江（苏州）常州一带，沿路民房十之八九被焚毁无存。

经过这四次浩劫，杭州原住民在战乱中死亡、被掳、逃散的不计其数，民间收藏积累了几个世纪的财物几乎全部丧失。南宋初外来户的不断涌入，以至许多寺院成了接待站。又有流转至郊区各县的，不胜枚举。通观南宋文化史上灿若星河的学者文人诗人词

家画家，杭州籍的占比极少。南宋一代五十八名状元中，仅张九成一人为杭人。新的居民结构，使临安产生了新的变化。

一是产生了与周围吴语系统不协调的杭州话，带有明显的中原语音，发音硬而多带儿字尾，至今犹然。

二是面食的盛行，打破了米食一统天下的格局，几乎占领主食的半壁江山。

三是建筑文化，为了适应杭州忽冷忽热、冷热悬殊的天气变化，创造了围绕屋子四面至少三面的可卸可装的木格子窗，使建筑外观变得空前的整体而雅洁，配上竹帘、屏风、大幕，营造出全新的宜居环境。

正因南宋临安实际上成了一座移民城市，所以它的经济是开放和流动的，文化是多元和包容的，从而形成了杭州发展史上最辉煌灿烂的时期，而南宋文化，就是中原文化和吴越文化全方位融合的结晶。

四、天街概貌

绍兴十二年（1142）宋金"和议成，立盟书"，南宋从劫后余烬中重新站立起来，修复战争创伤，加快经济文化建设，按宋高宗次年视察新落成的秘书省时所说，战后的主要任务是"兴学恢儒"，他宣称愿"与天下共宏斯道，乃一新史观"。一个全新的京城，就在此渐次成形，成了 12—13 世纪全中国范围内最先进繁华的都会。

天街就是展示南宋经济文化成就的橱窗。天街有多宽？

据市文物考古研究所《南宋御街的宽度和长度》一文说："绍兴二十八年（1158），杨存中拓展临安东南外城，共拓宽十三丈，以二丈为城基，五丈作御路，两壁各三丈为民居。"以南宋一尺为 0.31 米计，五丈即为 15.5 米。御街的总长度（从和宁门至观桥）为 5100 米。

此文又说：由于御街各段所处位置不同，其宽度也有所区别。据考古发掘，今中山中路 112 号门前发现外御街宽仅 11.6 米，故认为当年的商业中心——御街中段（中山中路）大致都是这个宽度。

今中山南路严官巷南宋御街博物馆内有一段较为完整的御街，包括开阔的主道，左右两边较狭的辅道，主铺二道之间竖向铺设香糕砖，形成一条很狭小的"边线"。主辅二道全用香糕砖横脊朝上铺满，远看好像木刻版画中的排线。除此之外，两边再无别的遗迹。

二十世纪六十年代我去过温州五马街，便是这种砖铺的路面，人行其上，

中山南路严官巷出土的御街路面，全是香糕砖铺砌，
左右两侧并无荷渠和人行道

感觉脚下既踏实而又微有弹性，唯一要小心的是经雨砖面会生苔藓，易滑，
不知古人如何处理？据《梦粱录》载，凡遇四孟朝飨之前，有司会运来黄沙，
铺在整条路上，称为"黄道"，估计就是防滑，因有成语"黄道吉日"，即言出
行而无闪失。

这是北宋汴京街头的店铺，门前都有或繁或简的竹木欢门架，以便节日张灯结彩，风
格繁盛华丽

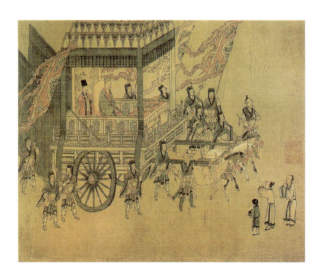

马和之《孝经》图局部

这样的宽度，对皇帝后妃出行的车马大队是很局促的，所以曾有官员建议拓宽御街，但须先拆迁两侧民宅。宋高宗不愿扰民，宁可降低自己出行的仪仗等级。所以在宫廷画家马和之的《孝经》组画中有一幅画皇帝坐车出行，只有四匹马拉车，车旁还有争看皇帝的民众数人。若按天子六驾的古制，必须是六马拉车。所以周辉《清波杂志卷三》中说，"北宋汴京街衢阔辟"，"每遇驾出，甲马壅塞弛道，都人难于御盖下望一点赭袍（穿红袍的皇帝）"。但南宋却可"近瞻"，近距离观看，因为"法驾不违于咫尺也"。马和之的画正反映这一实况。

据《梦粱录》载，皇帝"四孟朝飨"景灵宫时，从五更就出皇城和宁门的大队人马，到众安桥时天已大亮，所有灯烛至此熄火。继续前行，已可见观桥两端高高耸立着的两对红杆风向标了。杆顶随风旋转的展翅白鹤宣示着当时的风力风向，也告诉着人们过桥拐西不远，就是目的地景灵宫了。

五、天街三分

从街道的功能来划分，十分明显地分为三段：众安桥至观桥，今中山北路南段。众安桥至朝天门，正好是现在的中山中路。朝天门至和宁门，大体上即今中山南路。下面分段细说。

一、众安桥以北，已无名店和酒楼食店，两旁都是佛寺道观和兵营。如天长寺、仙林寺、吉祥寺、法轮寺、青莲寺、报恩光孝观、钱明观、仰山二王庙（即二圣庙）等，庙周围即为马军驻地。南有安国坊（即孩儿巷一带），坊内有文思院，颇似皇家工艺美术品制造中心，负责制作金银犀玉、金彩绘素装钿等宫廷用仪仗和器物，其中仅绣房就有女工五百名。二圣庙北有军头司，负责选拔"国家"级的相扑选手。

街西侧观桥直街上有礼部贡院和别试院，是三年一次会试全国举人的场所，例于八月中旬举行。其时这里成了全城最热闹的地方，万众瞩目，非他处可比。南宋史上许多政治和文化名人，就是从这里开始走上历史舞台的。

二、众安桥南从春风楼开始，沿街两旁都是酒楼、食店、茶肆和各种专卖店，店家栉比鳞次，连门俱是，无一家不买卖。"天下所无之物，悉集于此"。寿安坊（官巷）为花市，包括时兴女装与首饰，炭桥为药市，修义坊为肉市，棚桥为书市，融和坊（高银巷）为金融证券买卖市场，日进万金。四大娱乐场所取观众"来似瓦聚，去如瓦散"之意，故名瓦子、瓦舍，日夜开张。北有众安桥北瓦，内有勾栏（合围的栏杆围成的舞台）十三座，可同时上演十三个剧种剧目。洋坝头后有大瓦,北有中瓦,小河南端拐东有南瓦。茶肆中以洋坝头附近的"王妈妈一窝鬼茶坊"最为著名,以至被明代冯梦龙"三言"选作小说中的背景。繁盛的商铺夜以继日,直到三更过后才关门打烊,四更鼓罢,早市店铺又次第开张,夏卖冷饮,冬售热汤。往复循环,一百几十年间生生不息。街东的市河,是御街所有店家物资的供应线和人员流通最便捷的航线。运输各种生活必需品的商船,来往如梭,南下北上,桨声橹声,昼夜不绝。

三、出了朝天门,景象开始有所不同。虽然这里还有不少商店,更令人注目的是朝廷的大小官署,六部桥对街是六部大院,即朝廷的首脑机关三省六部和管军事的枢密院,在此联合办公。太庙以北为五府(又名执政府),据南宋赵升《朝野类要》称,此即两位副宰相和三位枢密院的副长官的联合办公处。散布在太庙周围的官署还有宗正寺(管理皇族成员)、太府寺、司农寺、

将作监、审计司、街杖司、进奏院等。其西即吴山，散布着众多军事编制的皇城服务单位如修内司营、御厨营等的驻地。在御街东侧中河对岸，有太医局、椎货务、杂买务等机构。吴山向南终于清平山，因山下正好是六部大院，《梦梁录》称它为六部山。山终处，即为孝仁坊巷和登平坊巷。二巷南，即为皇城北城墙，即北大门和宁门与东华门所在。

傅伯星《临安年市图》

图中无朝天门，以符史实，当毁灭于此前四劫。南宋始终未修复，仅存左右阙台。台上二屋系创作时所加，也无记载，朝天门是天街中段与天街南段的分界线

六、天街两端

一、南端寻踪

　　天街南端在南宋《京城图》《皇城图》上都与和宁门相交成 T 形，但从今天的道路状况看，这是无法成立的。据知和宁门在今南北向的凤凰山脚路北端，与东西向的万松岭路约距百米，而中山南路南端离万松岭路与凤凰山脚路相交处还有约五百米的上坡路，故根本不可能与和宁门形成 T 形相交，但在民国三十六年（1947）杭州市地图上有一条从凤山门外至凤凰山脚路口的斜路，直接凤山门内大街（即今中山南路），应该存在已久，惜今已无。2013 年我借凤凰山脚路北口旁一屋五楼作画室，常依栏北望，见原烟厂厂区内有大片空地，疑为这条斜路之所在，猜测此即南宋天街之最南端，众多官舍皆设置于此，故西少（近西之清平山、万松岭）而东多。其西有待班阁、阁门、晓示亭（类公告处）、六部大院；其东有待漏院、待班阁，六部桥直街（东通候潮门）；东华门前有邵局、四方馆、大辇院、大水池、内司东库，池西有纲所，标明为登平坊；又东为红门子，和宁门西也有红门子，从《西湖清趣图》所绘红门子的造型看，门框中装有红色木栅对开门，也就是说，此二门是可以关闭的。西边的门一关，就断了上清平山、万松岭的路，东边门一关，就不能东去候潮门，也不能南去皇城东城墙下的护圣中军寨。

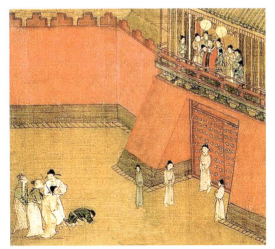

南宋《孝经》组画中的红墙城门楼，未见于北宋，据此可知和宁门、丽正门、东华门皆如此

　　天街左右的待班阁，就是四更天从家里出发，来此等候上朝的官员们的临时休息处（如图）。按规定官员上朝乘轿，但轿不能入宫，幸亏这时天犹未亮，空轿可以临时停在尚无行人的和宁门外小广场。为了让"阁"中的官员坐得舒坦些，有人设计了一款椅圈正中加装荷叶状托首的交椅（折叠椅），供人仰头于托首中假寐一会儿，大受欢迎，风行一时。幸好除了朔望二日大朝会，所有京朝官必须全体来此"待班"外，平时来上早朝的官员并不多，大多是六部副部长级以上的侍从官，满打满算也不过几十人。

　　待漏院的"漏"，就是北宋宰相苏颂（1020—1101）设计制造的一架复杂而精准的计时器"铜漏"（学名"水运仪象台"天文钟），根据漏下的水滴带动刻度的移动，掌握时辰的变化。所以待漏院就是一个守着"漏"的报时机构，通知对面阁门的官员准时开启和宁门大门。

　　阁门，掌朝参、朝贺、上殿、排班等仪范，纠正失误。排班就是上朝后的第一道程序，大家按品级高下，根据殿庭地面竖着标有官阶的砖墩站好队伍，等待内侍高喊"班齐"，才能依次上殿，"待班"也即此意。知阁门就是阁门的长官，才武职八品（类处长）。

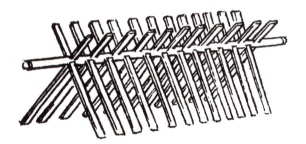

木杈子、荷叶托首交椅、红门子

　　皇城北墙西侧的东华门究竟在哪里呢？在《京城图》上，东华门在中河延长线之西；在《皇城图》上，东华门在中河延长线之东。如从元末凤山门与凤山水门的位置来看，凤山门在水城门之西；如在东，南宋时中河上有登平坊桥，皇帝乘车过桥就大不方便……可见东华门应在中河之西。西侧有四方客省馆，掌收接各州府郡送来的各种报表及贺表，以及外国使节往来接待陪伴之礼，这一部分职责颇似外交部的礼宾司。

　　邵局，邵指南宋初内侍官邵成章，局指官窑即御用瓷器制造局（厂）。

　　大辇院，辇指皇帝的专用马车，辇院设此，便于皇帝出东华门即可上下车。

　　纲所、内司东库，前者为纲船管理所，宋制以五十为一纲。《水浒传》中的花石纲，即为五十艘船组成运送花石（太湖石）的船队。此处的纲房，明白地告诉人们，通江桥以南河道，只禁止一般船只的通行，并不禁止为皇城运送

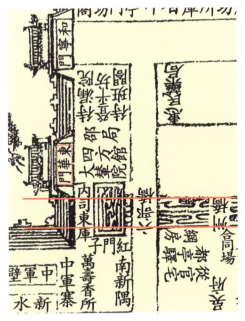 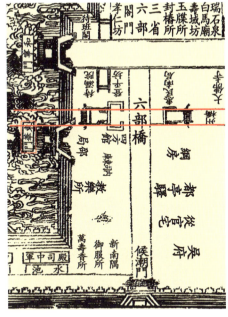

《京城图》局部

《京城图》上东华门在中河之西

《皇城图》局部

《皇城图》上东华门在中河之东

物资的纲船,故设纲所以加强管理。大水池为纲船停泊卸货掉头处,卸下之物先放入内司东库(内侍机构)储存。以上梳理,可谓经历了四十多年的反复推究,供大家共同探讨,以求其真。

二、凤山门考

宋亡入元,元廷为防范杭人占城反元,把临安七十里府城墙和凤凰山九里皇城墙全部拆毁了。但那时的拆毁不可能如现今旧城改造一般干净彻底,只是毁掉高度,扒去城墙的外砖,砍断城墙的连贯性,留下残垣断壁和一截截的夯土内胚,无人处理。二十世纪五十年代在城东贴沙河岸上还有一段段的夯土泥堆,就是民国初拆了城墙后留下的残迹。民国尚且如此,元代拆城的结果可想而知。

元末至正十九年（1359），占据杭州的张士诚军重筑杭州城，向东扩出三里，将菜市运河（东河）纳入城中；南面候潮门以西缩入二里，将凤凰山南宋皇城及周边地块全部划出杭城，全城设十门，舍去了原来正南的嘉会门、候潮门以南的便门与保安门，新设了南门凤山门，自此至民国，杭州市区再无大变。

对于凤山门的来历，《武林坊巷志》引《乾隆府志》称："元末改筑城……因宋宫城北之和宁门以为南门，即以和宁名之，并开水门……明初易名凤山，俗呼正阳。"意即借用和宁门之名作新南大门之名，明初才正式命名为凤山门，也就是说，它与南宋已无关系。

至于凤山门的模样，估计应与明建鼓楼相同，拱券造圆洞门，青砖贴面，城楼上有城垛，有歇山顶重檐屋顶，正面五开间。这与南宋的城门楼样式是不相同的。宋代的城门皆为抬梁造梯形门，如《清明上河图》的东角子和《西湖清趣图》中钱塘门等湖边四门。作为南宋皇城，最大的不同是首创大红色宫墙，这幅佚名《孝经图》组画中的一幅，就是最有力的物证，它同时告诉人们，城楼两侧并不作一字排开，而是左右平展一段后向前突出，形成左右城墙合抱城前广场的布局，北京故宫午门前的布局便是如此。年深月久，又经元毁城，因找不到抬梁造城门必有地栿石而否定南宋城门是抬梁造，武断地认为是拱券造的，是没有文献依据的，因而是不可信的。改变皇城门楼结构和造型的重大工程，不可能无一记载。而作于南宋佚名《西湖清趣图》中的若干景点如德生堂等都建成于咸淳末年，因而图中西湖边的四座抬梁式城门一出现，正好有力地证明了上述主观武断的结论是违背事实、不能成立的。

幸运的是，现在还留有清末民初所摄的清波门和涌金门城门楼的照片，估计凤山门的形式和结构，应与之相同，左右有阙，城楼二层、歇山顶，为防守需要，不是阁楼式，而是夯土墙全封闭，上开门窗。

明代仇英《清明上河图》中带瓮城的城门楼，凤山门城楼似无瓮城，大致结构同此，即重檐歇山顶二层楼

古清波门

古涌金门

三、北端祖庙

景灵宫及其附属建筑占据了今武林路（以前叫西大街）西侧至钱塘门的大部分地块。

景灵宫殿门匾曰"思成"，前为圣祖庙，供宣祖（宋太祖之父）至宋徽宗的北宋九位皇帝的塑像，东西廊庑壁上绘有历朝配享功臣的画像。后殿供奉元天圣后与昭宪杜太后（宋太祖与太宗生母）及北宋历朝皇后的塑像。扩建后有前殿五间、中殿七间、后殿十七间，从此，斋殿、进膳殿、更衣殿、寝殿俱备。景灵宫后有三大堂临池上，左右有楼亭园林，遇到三年一次的郊祭，皇帝来此向祖宗行恭谢礼，就可于园中宴赐，赐群臣戴花。景灵宫之南建万寿观、崇禋馆、太乙宫、青莲寺、祚德庙，都是为景灵宫服务的，如崇禋馆道士负责日常洒扫，清晨烧香，夜晚上灯，由内侍官提举宫中事务，由皇城司派兵卫护，余不细说。南北两头是车马门，凡来祭祀的皇帝仪仗队中的车马皆自此二门出入。

景灵宫南为万寿观，"以存东都（汴京）遗制"，即崇奉道教的传统，建于绍兴年间。以太霄殿供奉昊天大帝，宝庆殿供奉圣祖老子，长生殿供奉长生帝，西为纯福殿，供奉皇帝的本命星君，后殿十二间，二十二室，供奉太祖以下先帝，都有先帝的塑像，前殿之东有圆庙，供奉北宋几位主要的皇后。四孟朝飨后，皇帝来此到各殿行上香礼。此观东侧有神华馆，是道士修行兼日常管理处。

万寿观南有御前"十大宫观"之一的东太乙宫，其神为汴京五福太乙神，另设十一神，"所临之地，岁稔（丰收）而无兵、疫"。建成后，共174区，殿门匾曰"崇真"，大殿匾曰"灵休"，狭殿匾曰"琼章""宝室"……两边长廊壁彩绘三皇五帝、日月星宿、岳渎九宫诸神等像，跟着他们享受祭祀的共195位神祇。宫内主殿的匾宫后有小土坡，人称其为杭州之主山。

宫内事物由内侍管理，设立相关机构和守卫士兵。一应钱粮开支和举办法事的款项，皆由朝廷发放。众道士享受优渥待遇，是一般道观内的道士所望尘莫及的。

宋宣祖赵弘殷（899—956），涿郡人（今河北省保定涿州），后迁洛阳，是北宋开国之君宋太祖赵匡胤和宋太宗赵光义之父。为后周检校司徒，与赵匡胤分掌禁军，卒赠节度使、太尉。

杜太后（902—961），安熹（今定州）人，赵弘殷正妻，生五子二女。长子夭，次子赵匡胤，三子赵光义，秦王赵廷美，夔王赵光赞。赵匡胤称帝后尊其为昭宪皇太后，临终前确定皇位"兄终弟及"的国策，确保了太祖、太宗两朝的平稳交接与和平发展。

北宋九帝

宋太祖赵匡胤（927—976），涿郡人，生于洛阳，后周显德七年（960）发动"陈桥兵变"，逼迫后周恭帝禅位，建立北宋王朝，改元建隆，是为宋太祖。先后灭荆南、武平、后蜀、南汉、南唐等割据政权，完成了全国大部的统一，继则结束了唐朝地方节度使拥兵自重的局面。宋太祖心怀仁慈宽大，善待所有灭国的君主，规定不许杀后周柴氏子孙，不许杀上书言事者与文人，宋代是中国历史上最尊重知识分子的朝代，才有"四大发明"占其三的文明成果。在位十六年，享年五十岁。

宋太宗赵光义（939—997），宋太祖之弟，在位二十一年，五十九岁去世。统一了南方，确立了文官政治，为宋朝的稳定发展作出了重要贡献。但因急功近利，几次北伐皆败。转而奉行安内虚外的国策，逐渐形成积贫积弱之势。

宋真宗赵恒（968—1022），太宗第三子，在位二十五年。与辽国签订"澶渊之盟"，开启以钱买和平模式。发行交子，是全世界最早的纸币。

宋仁宗赵祯（1010—1063），真宗第六子。即位时才十二岁，由皇太后刘氏垂帘听政。二十三岁亲政。与西夏交战失败，起用范仲淹变法也败。在位共四十一年，唯以仁称。

宋英宗赵曙（1032—1067），太宗曾孙，濮安懿王赵允让第十三子，因仁宗无子，被立为皇子，仁宗死后即位，虽"有性气，要作为"，在位仅五年，终年仅三十六岁。

宋神宗赵顼（1048—1085），在位十九年，起用王安石变法，推行十几年，人亡政息被废除，享年仅三十七岁。

　　宋哲宗赵煦（1077—1100），九岁即皇位，由太皇太后高氏垂帘听政，元祐八年（1093），高氏去世，哲宗亲政，重启新法，新旧两派内斗加剧。元符三年病逝，年仅二十三岁，在位十五年。

　　宋徽宗赵佶（1082—1135），宋神宗第十一子、宋哲宗之弟。在位25年，生活奢侈，国事日非。靖康元年（1126）金军兵临汴京，禅让给太子赵桓，国亡被俘死于五国城，终年54岁。

　　宋钦宗赵桓（1100—1161），与父同被金人俘虏北去，绍兴三十一年（1161）春，惨死于燕京。

南宋九帝

宋高宗赵构（1107—1187），字德基，开封人。宋朝第十位皇帝，南宋开国皇帝，在位36年，宋徽宗赵佶第九子、宋钦宗赵桓之弟，母为显仁皇后韦氏。靖康之变后，改元建炎，建立南宋。享年八十一岁。

宋孝宗赵昚（1127—1194），初名伯琮，秀州（今浙江嘉兴）人，宋太祖赵匡胤七世孙、宋高宗赵构养子。宋朝第十一位皇帝、南宋第二位皇帝，在位二十七年。南宋最有作为的皇帝。享年六十八岁。

宋光宗赵惇（1147—1200），临安（今浙江杭州）人。宋孝宗第三子，宋太祖八世孙。南宋第三位皇帝，后期荒废朝政，南宋开始由盛转衰。在位五年，享年五十四岁。

　　宋宁宗赵扩（1168—1224），临安（今浙江杭州）人，南宋第四位皇帝，宋光宗第二子，宋太祖九世孙。在位三十年，享年五十七岁。

　　宋理宗赵昀（1204—1264），绍兴府山阴县人。原名赵与莒，后改名赵贵诚。南宋第五位皇帝，宋太祖十世孙。在位四十年，享年六十岁。

　　宋度宗赵禥（1240—1274），绍兴府山阴县人，南宋第六位皇帝，理宗侄、养子，宋太祖十一世孙。在位十年，享年三十五岁。

●宋恭宗赵㬎（1271—1323），临安（今浙江杭州）人。宋度宗次子，宋端宗赵昰弟，宋末帝赵昺兄，母杨淑妃。赵㬎奉遗诏即皇帝位，时年四岁，在位二年。德祐二年（1276年），元军兵至临安，赵㬎退位降元被俘。被元世祖忽必烈遣送吐蕃（今西藏）出家，后被元英宗赐死，享年52岁。

●宋端宗赵昰（1269—1278），南宋第八位皇帝，宋末三帝之一，1276年在福州被拥立为帝，即宋端宗，改元景炎，册杨淑妃为太后，同听政。景炎三年（1278年）去世，在位两年，年仅9岁。

●宋少帝（宋末帝）赵昺（1271—1279），1276年，南宋国都临安（杭州）陷落，南宋大臣护送赵昰和赵昺南逃，并在福州拥立赵昰为帝，即宋端宗。元兵穷追不舍，南宋小朝廷被迫继续逃亡到广东。1278年端宗病死，8岁的赵昺为帝，改年号为祥兴，1279年正月，宋军寡不敌众，大败海上。左丞相陆秀夫见大势已去，背着小皇帝赵昺跳海，宋彻底灭亡。在位两年，年仅8岁。

（三少帝皆无画像）

两宋垂帘听政的皇太后

章献皇后刘娥（969—1033），益州华阳（今四川成都）人，大中祥符五年（1012），立为宋真宗赵恒第三任皇后。宋真宗驾崩后，刘娥成为宋朝第一个临朝称制的女主，前后当国达十一年之久。谥号章献明肃皇后，享年六十五岁。

　　慈圣曹皇后（1016—1079），真定（今河北正定县）人，宋仁宗赵祯第二任皇后，正位28年之久。仁宗驾崩，宋英宗赵曙即位不久就生病，曹太后于小殿垂帘听政。英宗病情好转，曹太后即撤帘归政。英宗病逝，神宗即位，苏轼以"乌台诗案"下狱，曹太皇太后出面求情，苏才免于一死。享年六十四岁，追谥慈圣光献皇后。

　　宣仁皇后高滔滔（1032—1093），亳州蒙城（今安徽省蒙城）人。1085年，宋神宗病危，母亲高太后垂帘听政。神宗十岁的儿子赵煦（哲宗）继位，因其年幼，高氏以太皇太后身份垂帘听政，废止了王安石新法。执政期间，勤俭廉政，励精图治，是北宋最后一个经济繁荣、政治清明、国势较强的时期。享年六十二岁。谥号宣仁圣烈皇后。

　　昭慈孟皇后（1073—1131），洺州（今河北省永年县）人，元祐七年（1092），宋哲宗赵煦第一任皇后。党争中被废、被复位，继又被废。"靖康之祸"中因被废而幸运地留卜，恢复孟氏元祐皇后的尊号，垂帘听政。高宗赵构登基后，尊为隆祐太后。谥号昭慈圣献皇后，享年五十九岁。

宪圣慈烈皇后吴氏（1115—1197），开封人，宋高宗赵构第二任皇后。赵伯琮（即后之宋孝宗）养母。吴后一生，先后辅佐了高、孝、光、宁四朝，在后位（含太后）长达五十五年，是历史上在后位最长的皇后之一。在整个两宋时期的诸皇后中，吴氏也是少数对政治有较大影响的皇后之一。享年八十三岁。谥号宪圣慈烈皇后。

　　恭圣仁烈杨皇后（1162—1232），原名杨桂枝，严州淳安（今浙江省杭州市淳安县）人，宋宁宗赵扩的第二任皇后。颇涉书史，知古今。使丞相史弥远用计槌杀权臣韩侂胄。1224 年宁宗崩，杨与史弥远联手，矫诏废皇子竑，立理宗赵昀，杨被尊为皇太后垂帘听政，至宝庆元年（1225）撤帘。享年七十岁，谥恭圣仁烈太后。

七、天街两侧

　　天街似为京城之中轴线，向东西伸出几条支线，形成鱼骨状的陆上交通主线。其东，自北而南，有盐桥大街直通菜市门，有荐桥大街东通荐桥门，有望仙桥东通新开门，有通江桥东通保安门，有六部桥直街直通候潮门；其西，有众安桥河下通前洋街通钱塘门，有三桥直街通涌金门内直街至涌金，有清河坊直西经府前通清波门，有长庆坊循路往西至吴山下，有孝仁坊直西至青平山万松岭。除了上述较大的东西向横街，还有为河阻断的短街。这条河就是西河，全名清湖河，民国时名浣纱河，其自余杭水门入城，南下转东至清湖桥分两支，一支向东过众安桥注入市河，一支转南至施家桥（又名华光桥），形成西断头河，这一支在天街的西侧，使天街的棚桥大街、寿安坊（官巷）直街、三桥直街、巾子巷直街均遇河而止。但此河曲折多支流，最终一支在涌金门北，一支在清波门南流入西湖。

　　在天街东侧，为市河（又名小河）和中河（盐桥运河，又名大河）。前者是天街的水上物流通道，后者是全城的水上物流通道，幸存而今，仅稍缩身。东侧的许多小巷皆与河平行，显得特长，故以南为上，北称下，如上某某巷、下某某巷，上仓桥、下仓桥等。

　　天街东侧二河，基本属于商业区，中河东岸就不再有大酒楼、大茶坊和名店铺，此间多皇后宅（家庙）和王府，如吴皇后（高宗二妻）宅、韦太后（高宗生母）宅、邢皇后（高宗发妻）宅、全太后（度宗妻）宅、郭皇后（孝宗

傅伯星 《天街暮雪图》（工笔绢画）

　　市河即今光复路，抗战胜利后（1946）填没。现在只能在我的画中看到它曾经的身影了

原妻）宅、夏皇后（孝宗二妻）宅。王府有佑圣观（孝宗即位前潜邸）、福王（赵惇）府、吴府（吴太傅吴益王府）。此外多兵营及宫中服务人员的集体宿舍，如翰林司营（今名林司后）、金枪班、银枪班等。天街西侧至清湖河西岸及后市街，皆为商业区，集中了京城大酒楼、茶坊、瓦子、名店名铺，多名人寓所和官员集体宿舍，如十官宅、六官宅等，发生过重大事件的王府几乎都在这一带，如巾子巷（惠民路）中的靖惠沂王，其西的嘉王府，朝天门北打铜巷中的谋反案，白马庙巷中的平原郡王府等。此间皇后宅的主人也比西侧的强势，皆有传奇故事，如孟太后（宋高宗伯母）、李皇后（光宗妻）、杨皇后（宁宗二妻）。功臣韩世忠、刘光世、张俊、杨存中、岳飞，皆在历史上赫赫有名。

综上所述，东柔而西刚，明显有别，缘何有此，颇不可晓。

八、天街水道

　　天街无疑是京城纵贯南北的陆上主干道，中河是京城纵贯南北的水上大动脉，北接城北大运河，南入钱塘江，但事情并不是那么单一，故专设一题来说说清楚。

　　近年有文论证南宋时中河沟通大运河与钱塘江，是船只自北向南进入钱塘江的必经之路，所以绝不可能进入皇城。他们认为中河南端、入江处就是跨浦桥（今钱江四桥旁），所以船只于此入江最为便捷，殊不知事实并非如此。

　　南宋时中河向南过了通江桥，河道东侧生出一条向东的支流，经过一条Z形的河道（上有过军、保安二桥），从临安府东城墙上的保安水门出城，汇入自北南下的贴沙河，一路向南，在其南端的跨浦桥处进入钱塘江。这是《梦粱录》中写明了的路线，云"城外运河，南自跨浦桥……由保安水门入城，土人呼城外河曰贴沙河"。民国十九年（1930）的杭州市地图上就画着这条Z形的河道。

　　为了搞清这条河曾经的真实存在，多年前我在南星桥办工作室时，曾多次去那里踏看，终于在今彩霞岭社区内找到过军、保安二桥的蓝底白字的地名路牌。循路出社区在江城路上的东大门，斜对着马路对面为保安水门弄，弄不长，东出便是静静流淌的贴沙河，沿着河岸前行，向南拐西，被二凉亭木材新村的围墙截停，它的前面是宽阔的凯旋路上中河高架的匝道。可怜的贴沙河从唐代以来流淌千年，把千万艘大小货船客舟平安送出杭城，却不料而

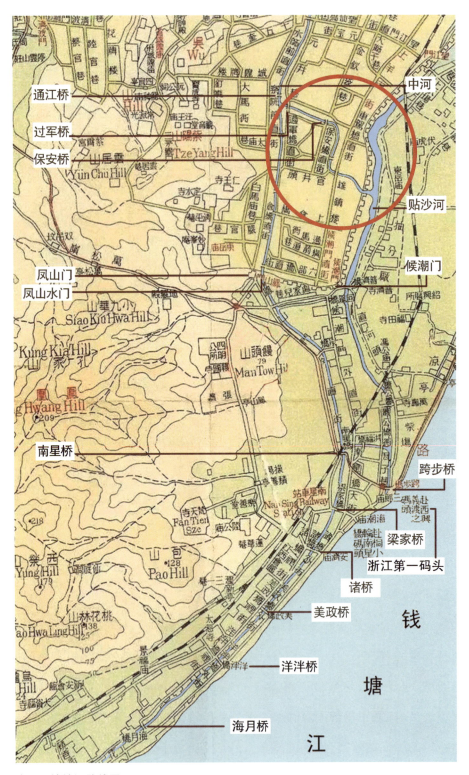

通江桥
过军桥
保安桥
中河
贴沙河
候潮门
凤山门
凤山水门
南星桥
跨步桥
梁家桥
浙江第一码头
诸桥
美政桥
洋泮桥
海月桥

中河入钱塘江路线图

彩霞岭社区中的过军桥遗址　彩霞岭社区中的保安桥遗址　保安水门弄遗址

（以上系黄龙文 摄）

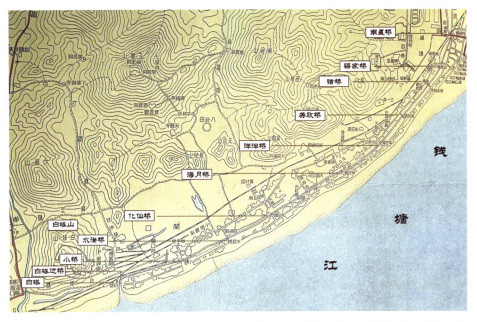

中河入钱塘江的路线，民国杭州地图局部。南下中河穿过南星桥接龙山河，经图上九桥后，在白塔旁注入钱塘江，根本不存在中河于跨步桥入钱塘江的史实

今之海月桥　　　　　　　　今之水澄桥，单孔石拱桥

（傅琪星 摄）　　　　　　　（傅琪星 摄）

今到此已无法再进入它的归宿钱塘江了。现今人们已不在乎它，没有人在建桥时给它预留一个最后的体面归宿，算是对开业奠基的前人的一番敬重和纪念！

南宋时通江桥往南，就进入了保护皇城安全的禁航区，除了为皇城运送物资的"纲船"可以直达六部桥南的大水池，由纲所官员监督着办完一应手续，靠岸，卸货，就近入库，空船掉头，原路返回，换言之，通江桥至六部桥禁航的河道，就是皇城物流的专用线。中河在登平桥下进入皇城，向南流过后宫与东宫区，在皇城东南角分两支流出皇城北水门与南水门。二门内皆装有铁窗棂，"不曾辄开"。出东水门的河水穿过府城墙下的北水门汇入贴沙河，南水门的河道因长年淤积已断流。既已断流，就根本不可能成为沟通南北的水上大动脉。必须注意的是，中河南端的河道不是直下跨浦桥入钱塘江，而是通过南星桥后，拐西接通龙山运河，一直向西，在白塔岭下入江。这条航道的开通，已是入元改建凤山水门后的事了，但南星桥北至皇城南水门之间本有河床存在，仅宋末一时淤塞，断流而已。所幸南星桥到龙山河这一段水道至今仍在，足以驳斥南宋时中河直下跨浦桥入钱塘江的失实之词。

九、天街话桥

　　天街东侧市河，自观桥稍北的清远桥算起，往南依次有军头司桥、北桥（东对仙林寺桥）、鹅鸭桥（西南众安桥、东对盐桥）、新安桥、棚桥、李博士桥、炭桥（西对官巷，东对丰乐桥）、日新桥、舍人桥、水巷桥、猫儿桥、亨桥、宝佑桥、巧儿桥、普济桥、金波桥、南瓦桥（自此转东）、清冷桥、钟公桥、葛公桥（东入中河），共21座。

《清明上河图》东角门外踏道桥

　　天街上的众安桥、观桥，就与图中桥一样和路面保持等宽等高，以便皇帝的车马顺利通过，称为"踏道桥"

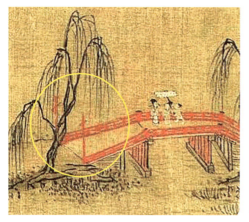

《山水图》

　　南宋马元忠《山水图》中的斜坡平梁桥和桥两端各树立的一对棹楔（黄圈内）

　　市河以东为中河，河宽，舟大而多，自仙林寺桥向南，为新桥、丰乐桥、荐桥、柴垛桥、荣王府桥、祐圣观桥、三圣庙桥、新宫桥、通江桥、州桥、六部桥、登平坊桥（入皇城），共十三座，明显比市河上的桥少。

　　清湖河道曲折多变，桥最多，共三十五座，流经并与天街西侧大体平行的一段有：瓦子桥（东过众安桥入市河），结缚桥、石灰桥、八字桥、马家桥、鞔鼓桥、洪桥、井亭桥（东通官巷）、施水坊桥、军将桥、三桥（东通三桥直街）、侍郎桥、施家桥（华光桥），共十三座。民国至二十世纪六七十年代，平海街西北向南的河道还在，人称浣纱河，向南至开元中学前拐西，在大华宾馆旁流入西湖，河道北狭而南宽，大多为钢骨水泥平桥，唯延安路南、闹市口二桥为黑漆木条板平桥。

　　龙山河已在天街范围之外，幸桥大多存今，可实地踏勘。我在《大宋楼台》中搜集了全部引自宋画的三十三例桥型，其中出自杭州的有四座。这些例子中，几乎没有一例是环洞多孔大石拱桥，大都是斜墩平梁桥或立柱斜坡平梁桥，全尢台阶，这是临安特定环境的需要。根据这一情况，我认为京城之桥可分四种：

　　一、踏道桥，即桥面与路面等高等宽，以利车马顺利通过，全城共三座，即众安桥、观桥和丰乐桥，无台阶。

二、斜坡平梁桥，桥面是平放的石板，上下坡是斜放的石板，也能供车马通行，如景灵宫前的新庄桥，车桥等，皆无台阶，南宋画中也多有表现。

三、中河、城外东河、龙山河上的环洞石拱桥有台阶，以适应河上大船通行的需要。

四、个别河上有木桥、木拱桥（无台阶）、军寨前木吊桥。

我初中时家住三圣桥河下，天天从单孔石拱桥走过，常见河中两船交会互让。二十世纪六七十年代浣纱河虽在，大多为钢骨水泥平桥，只有望仙桥以南有老式单孔石拱桥，皆有台阶，非宋时物。是否宋桥的明显区别，在于宋桥桥栏末端无抱鼓石，有则非宋桥，石栏抱鼓石或为后人所加。斜坡桥的两侧以石错缝叠面。据《武林坊巷志》记载，有的桥上建有庙宇，如盐桥上纪念当地慈善家蒋氏三兄弟的广福庙，六七十年代还在，故俗称联桥。华光巷北端断河头上有华光桥，上有庙，据载供奉的其实是当时杭人很迷信的狐仙"五显神"。现在中河上虽然还有不少重建的石拱桥，只是一种方便两岸居民来往的交通设施而已。

《汉宫秋图》（局部）的斜坡平梁桥，无台阶，以利车马通过

刘松年《四景山水图》秋景

　　南宋木拱桥一般都用红色桥栏，使远来之舟警觉，以调整航向，避免冲撞。在桥的两端，竖有红杆的棹楔，原为古代竖立门旁表彰宅主功德的一种标记物，后演化成为桥道旁的装置，有美化和提示之意。

　　石拱桥一般用于园林或宅院前的小河上，跨度小，桥面至水面距离短，桥洞下不通舟楫，如刘松年《四景山水图》中的"秋"，《南唐文会图》的"石壁题诗"段等。

佚名《南唐文会图》

一〇、天街坊巷

据南宋淳祐《临安志卷七·坊巷》载，城内共八个厢（街道），凡左字起头的皆在西，右字起头的都在东。左一南厢四个坊，左一北厢十八个坊，包括后市街，左二厢十七个坊，左三厢八个坊；右一厢十个坊，右二厢十八个坊，右三厢六个坊，右四厢仅两个坊。在天街范围内的厢，集中为左一北厢、左二厢、右一厢、右二厢。

左一南厢约在今河坊街西端，左三厢约在今浣纱路至竹竿巷一带，右三、右四厢约在荐桥中河以东。此外，城外还有四厢六坊，皆远离天街，故略。

必须说明的是，此文介绍的仅限天街左右，北起观桥，南至和宁门外；东

太庙广场，宋巷今貌

白马庙巷已无人知韩太师　　　　　　城隍牌楼巷尽头就是城隍山

至中河，西至西河、后市街，出了朝天门，东至中河，西至吴山脚下。此外除了特殊情况，基本不再有所涉及。

　　■右一厢（以下自南而北排列）

　　●孝仁坊，西通清平山，又名清平山巷，时名相府巷，六部大院当在此。（晚清丁丙《武林坊巷志》称此为"六部故址"，清代改其地为高士坊巷。）

　　●寿域坊，西有七宝山，下有粮料院，故又名粮料院巷。巷内有宁宗时权

中山中南路上的宋式门店

重建的鼓楼

宋长庆坊，今之十五奎巷

宋天庆观，今市文艺院团总部

臣韩侂胄的平原郡王府。据《武林坊巷志》载巷口有庙，附设白马神祠，故名白马庙巷。

● 保宁坊，即太庙巷。太庙，南宋朝廷的祖庙。今于其处建太庙公园，西为瑞石山。山下有宗正寺、玉牒所、太平惠民南局等。

● 贵恕坊，有五府（执政府），据南宋赵升《朝野类要》明言：为两名副相（参知政事）和三名枢密院副长官的联合办公处。

● 天庆坊，内有天庆观（即今十五奎巷内市文艺院团总部），又名天庆观巷。

大井巷地名依旧

今打铜巷，也无人知南宋往事了

●保民坊，有昭节庙，故俗称吴山庙巷。内有官署太府寺、司农寺、将作监、军器监。清代改其地为城隍牌楼，南宋往事渐无人知。

●怀信坊，又名糍团巷。

●常庆坊，又名竹竿巷，南宋初建百法寺于此。巷内伍公山下有都奏进院，编辑发行邸报（朝廷内部通讯）。明代改称石乌龟巷，清代改名十五奎巷。巷口施全庙，也为清代所建。

●新开坊，无具体内容，不知何在。

■右二厢，朝天门北。

●清平坊，东至望仙桥，又名沙皮巷，俗称打铜巷，南出已在宗阳宫御路，西对清河坊。

●兴檀坊，又名清冷桥巷。清冷桥即市河南端东拐第一桥，南北向，北通柳翠井巷。

●通和坊，又名金波桥巷，桥在市河上，东西向，西出即天街，对面即太平坊巷。

自此向北皆在市河东西两侧。

●延福坊，俗呼坝东巷，即洋坝头东面之巷，或作缘福、贤福、元福坊。

河坊街十字路口，南宋天街最热闹处

后市街，南宋后三帝的潜邸皆在其范围内

中山中路开元路口银行之处，其实就是南宋的肉市修义坊，路口北侧即保康巷，南宋女诗人朱淑真曾居此

●兰陵坊，又名水巷。北为日新桥巷，西对积善坊。

●羲和坊，俗称炭桥巷。

●武志坊，俗呼李博士桥巷。

●戒民坊，俗称棚桥巷，东出天街之棚桥直街书市。

●新安坊，又名小新桥巷。

●延定坊，俗名鹅鸭桥巷，在众安桥稍东南。

●安国坊，俗称北桥巷，桥东直对中河仙林寺桥。

●怀远坊，俗呼军头司巷。

●普宁坊，又名清远桥巷，在观巷之北，故略。

●同德坊，又名灯芯巷，在孩儿巷西北，其北嘉新坊等四坊皆远离天街，故略。

■左一北厢（朝天门北、天街东北）

●市西坊，又名坝西巷，即在洋坝头之西。南出清河坊街（说明巷是弯斜

官巷口邵芝严笔庄，唯一的老门店

崔家巷是南宋理宗时丞相崔与之的居住地

走向的，另一头却在天街，下同）。

●市南坊，又名巾子巷，太平坊，新街（即上后市街），融和坊，皆同上。

●清河坊，南宋初大将、清河郡王张俊赐第于此故名。宋高宗、宋孝宗两任名相陈康伯也赐第于此，但不明其址。

●吴山坊，又名吴山井巷，即今大井巷，巷西出即天街，东北出即清河坊街。巷有钱王所凿大井。自此而西而北，有泰和坊、天井坊等十坊，后市街以外皆不在天街叙述范围内，故略。

■左二厢，天街东侧。

●市西坊与左一厢界同。

●融和坊，为京城金银钞引交易集中地，有日进万金之称，即今之高银街。

●修义坊，俗称姜椒巷。因肉店集中于此，俗称肉市巷。西通军将桥。即在今开元街东口南侧。

●富乐坊，又名卖马巷，清代改名保康巷，今开元街东口北侧。

●众乐坊，旧名虎跑泉巷，时称南棚巷。

●教睦坊，又名银瓮后巷，稍北有最大官营酒楼太和楼。清代改名莫衙弄。

里仁坊巷，八百年延续不变的蛐蛐市场　　　　无人悟得诸投意，因而改名枝头巷

●积善坊，俗称上百戏巷。

●秀义坊，俗称下百戏巷。坊北有建炎二年（1128）所建东平忠靖王庙。

●寿安坊，旧名冠巷，俗呼官巷。西通井亭桥。巷北崔家巷，以理宗时大臣崔与之居此故名。

众安桥十字路口，千年历史无遗迹

陆游重来也迷路的孩儿巷

仙林街已无寺

今观巷既无河也无桥

●修文坊，俗称将作监巷，实为已迁之早期旧址。

●里仁坊，俗称陶家巷，东出棚桥大街，西通西河上之鞔鼓桥。今仍用其名。

●保信坊，俗称剪刀股巷。

●定民坊，俗称中棚巷，巷中有钱王所建资寿寺，宋改百福院。

●睦亲坊，有宗学（皇族子弟学校），与太学、武学同称京城三大学府，故称宗学巷。又西为西河上之洗麸桥。清代改为弼教坊。

●宗学北有十官宅（十位官员的集体住宅），清代讹为十贯子巷。其北枣木巷（嘉树巷）、资福庙弄、扁担弄（下瓦巷），皆为清代地名。其西之西河上为石湖桥，南宋大臣、诗人范成大曾寓桥下。资福庙即忠烈二侯祠，祀岳云、张宪，为明代所建。下瓦（又名北瓦），指南宋众安桥瓦。

●纯礼坊，又名后洋街巷，即今之竹竿巷，东出永福寺巷，不直接与天街有关。

盐桥上原建有庙，纪念南宋慈善家蒋七郎三兄弟，本是一种很有特色的桥的类型

（以上照片，皆为刘雨田所摄。内观巷一幅为黄龙文所摄。）

●保和坊，俗称砖街巷，明代称孩儿巷。诗人陆游五十六岁任军器少监（副局长），曾寓巷南小楼。

●报恩坊，俗称观巷，有钱王所建报恩光孝观，故名。西有惠民西局、皇城司御厨营（即军事编制的员工宿舍）。其北招贤坊（仁和县署巷）。

南宋迄今八百多年，后经元明清三朝，杭州的地名发生了巨大的变化，不少南宋的地名已经消失，而许多今天耳熟能详的地名却是明清命名的，与南宋毫无瓜葛，这就给查考历史轨迹带来了意外的阻碍，故此一文磕磕绊绊不很顺利，但纠误剔讹，仍有意义。可见地名是不该被随意改动的，它与生俱来的历史信息、文明印记，一改就永远被蒙蔽、被丢弃了，就再也不能轻易详尽地了解它的过往和演变。

一一、天街望楼

　　《清明上河图》首段画城郊向城区靠近处有一座高出民居屋面一倍多的空亭，由四根方木架将它撑高，下为土坛，正面有梯级供人上下，颇为显眼，这就是望楼，由政府设置，用以观察四周治安状况，发现问题及时通知有关部门，实施救援。在南宋《西湖清趣图》中也有几处同样的建筑，只不过被画得又高又瘦，起码比楼房高出一倍，结构与北宋大体一致，使老杭州很容易联想起二十世纪六七十年代城隍山上的火警瞭望塔，也是这样由四方形木柱建成往上逐渐收缩，顶端为一座四面开窗的方木屋。

　　据《梦粱录卷十》"防隅巡警"记载：临安城郭广阔，户口繁伙，民居屋宇高森，接栋连檐，寸尺无空。加上街道狭小，巷陌壅塞，多有风烛之患，极

《清明上河图》之望楼

易酿成大祸，所以临安府决定：每隔二百多步，置设一处军巡铺，每铺兵卒三至五人，遇夜在辖区巡逻，防盗防火，以防火为重点，在各坊交界处设置防隅公所，及瞭望楼，派兵上楼朝夕轮值。如见有地方冒出烟焰，白天以旗帜指明方向，夜则换以灯。若在朝天门内，用旗三面；朝天门外，用旗两面；城外用旗一面。夜间则以灯指示方向。

佚名《西湖清趣图》中的望楼

全城内外共有二十三处望楼，其中在天街左右的有：东隅望楼，于柴垛桥都税务（税务总局）南；上隅望楼，在三桥直街大瓦子后；下隅望楼，在修文坊内；新隅望楼，在长庆坊（今十五奎巷）；西南隅望楼，在寿域坊（白马庙巷）仁王寺前；另南隅望楼，在吴山上至德观后，人行天街，远远都能望见。

为防火灾发生，时人力有限，临时上报误时，临安府与浙西安抚司多次请示获准，朝廷派殿前司、步军司各差精兵三百人，各由统制官二人，直接归浙西安抚司指挥。防火的所有器械有桶、索、旗号，斧、锯、灯笼，防火背心等，皆为有关部门拨钱置办。一旦发生火情，府司长官立即整顿队伍急速奔向事发地，不劳百姓余力，即能扑灭火灾。凡全力扑救的兵卒，事毕立即给予奖励，不尽力者，依军法治罪。凡因救火负伤者，派员慰问，加发犒赏，派医诊治痊愈。凡伤及民房者，加倍赔偿。

一二、天街官署

　　要了解南宋京城，就要说到京城的官署，这是一个绕不开又枯燥乏味的话题，那就尽量长话短说，只说天街范围中的官署。

　　●六部大院，相当于国务院和中央军委合署办公处。政务系统为三省，即门下省、中书省、尚书省。三省首长即左右宰相，副相叫参知政事。尚书省具体执行下设六个部，即户、礼、兵、吏、刑、工。工部事繁，又下设四个小部。部

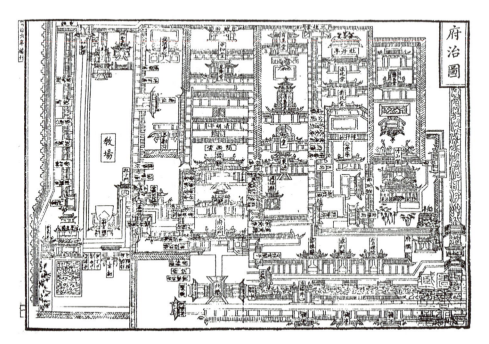

《咸淳临安志》之府治平面图

东侧河道即今劳动路，西城墙处约今南山路柳浪闻莺公园至钱王祠路段

长叫尚书,副称侍郎。六名尚书加两名宰相,时称"八座",正国级了。侍郎以上皆为皇帝的侍从官,有资格参加每月六次皇帝主持的议事朝会。

管军事的枢密院,正副长官共五人。首长叫知枢密院事(简称知院)或枢密使,副职三人:枢密副使,同知枢密院事,签书枢密院,南宋多由宰相兼任。兵部只管行政事务,没有调兵权。

●南宋五寺(不是佛寺):太常寺,掌礼仪祭祀;宗正寺,管理皇族事务,玉牒所修订族谱;大理寺,掌刑狱,在观巷以北;司农寺,掌农业等相关事务;太府寺,下设二十四个专业机构,如杂买务、钞引院、和剂惠民四局等等。正职长官称某某寺卿,副称少卿。

●三监:将作监,掌计料监造,以利器用;军器监,掌兵器甲仗制造;国子监,类今教委。

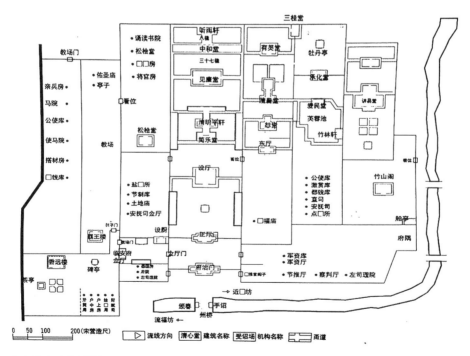

南宋临安府复原图

引自袁琳著《宋代城市形态和官署建筑制度研究》

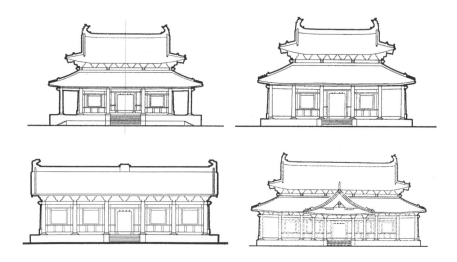

以上四幅立面图引自袁琳著《宋代城市形态和官署建筑制度研究》

●都进奏院，类朝廷总收发处，在朝天门外长庆坊内，负责编发邸报；文思院，在北桥东，分两界，上界造金银珠玉器，下界造铜铁竹木器，"凡彩绘装填之饰，舆辇法物（皇帝的专车服饰）等皆隶焉"。

●禁军三司：殿前司、步军司、马军司，皆远离天街。

●秘书省，国家文物档案馆，内有国史馆，约在今华光路南端。

●四所：茶盐所、会子所、公田所、封桩安边所，在三省大门之内。

南宋临安府治遗址出土之龙纹和宝相花纹铺地砖

茶盐所下设钞引院。钞即钞票，引申为朝廷发行的有价证券。引，接洽、取代意。在宋代，茶、盐、矾等物的生产运销，皆受政府管制，由政府发给特许经营茶盐的商人认购支领和运销的证券，名为茶引、盐引、矾引，统称钞引。具体的业务机构称茶盐钞引，设在过军桥（通江桥之东）下的合同场内。但钞引的印制在太府寺门内交印库，印毕请太府丞、主簿佥押（签名画押），经此钞引才有实效，再送回茶盐钞合同引押，供商人来签押取钞。

●临安府在清波门内，府辖具体办事机构遍布各处，难以尽述。

南宋官署建筑应是按北宋李诚的《营造法式》修建的。但南宋早期杭州经历了金兵攻占的大浩劫，破坏严重，官署只能因陋就简，不少皆占用佛寺改建，如六部大院、临安府署等。宋孝宗乾淳中兴（1165 — 1189），国力复苏，官署更新。从传今的临安府署平面图中，可见分布严整有序，屋宇高下纵横，廊庑伸曲，间以美池秀石，极富雅趣。宋画中的亭台楼阁，更可一窥精妙。

一三、天街府第

宋制规定只有宰相和亲王的住处（包括办公处），才能称府，故称"开府"。天街范围内符合这个条件的，有太庙北侧的五府、白马庙巷内权臣韩侂胄的平原郡王府、清河坊大将张俊的清河郡王府、后市街西巾子巷（惠民路）北的宋孝宗独孙赵抦的沂惠靖王府。大将刘光世的鄜王府、大将韩世忠的蕲王府在前洋街（今庆春街），离天街已远。

这些王府当年到底是何模样？内观如何？已经很难找到可靠的图像和

陈居中《文姬归汉图》组画之一

大臣住宅，必门对大街。大门断砌造，以利车马出入，进门设照壁，为第一院庭

完整的文字资料了。我搜集多
年，得二例。

一、沂惠靖王府新入选
的嗣子赵与莒，嘉定十七年
（1224）八月初三半夜被抬进
宫去，改名赵昀，即位称帝（宋
理宗）。按惯例此王府被改为龙
翔宫。《梦粱录》对它的内部
有具体的叙述，我按其说画成
平面分布图如右上，只要褪去
道教彩色，就不难想象其原来
的概况。即入东大门为一宽弄，
中区为接客、议事的正厅，厅南
前为大门、仪门，厅有后堂，为
休息处。中区之右区，南门可能
为大立柱红木栅门，以通车马。
门内广庭即停车场。北为一般
接待厅及后院内侍宿舍。左区
列四小院，皆为主人活动休闲

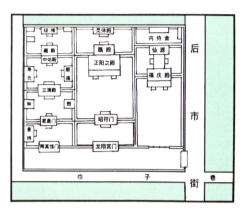

龙翔宫平面图

刘松年《夏景图》

长松茂竹，荷池垒石。三开间正屋加二
耳房，后复高屋，反映了南宋贵邸建筑园林
化的新高度

《汉宫秋》

　　实画南宋一豪宅，回字形的建筑结构，主次有别，左右方亭对称，既突破常规，又别具雅趣，是两宋建筑画中的孤例，值得深读

　　处，楼在最后仅一幢。这是京城中建筑分布记载最详尽的一座亲王府。

　　宋亡入元，宫被强占。管宫主持道长，反复上诉追讨，获准在清湖桥西以一半之地重建新宫，即今龙翔桥公交车站一带。

　　二、另有宋刻南宋太学平面图一幅，若退去学舍的元素如大课堂、藏经阁、生员斋舍等，便可稍稍"还原"改建前的岳飞赐第的大概。岳飞当时的身份是检校少保（从一品），与大将刘光世、韩世忠同一等级。1990 年我根据这一思路画了一幅着色岳飞故宅图，也是左中右三分，中区是接旨、议事正堂，左区为收藏御旨、赐物及祭祀之地，前有停车场。右为居家及休憩之地，有池、操场、菜园、井、厕等，东有后门。大门朝南，硬山顶三开间，中门断砌

造，以通车马。南宋李唐《蔡文姬胡笳十八拍》组画的头尾二幅中有这种大门，线条工整挺劲，透视正确合理，是南宋界画以建筑物为主体的山水画的典范。

皇后、太后宅与王府建筑一样由朝廷拨款修建，建成后由朝廷派道士和内侍十余人作日常管理，其中的主要建筑为"影殿"，即祖宗画像陈列处。"影殿使"二员的日常工作就是晨昏上香、上供品，以及室内器物洒扫保洁。多年前吴山西下发掘出杨皇后宅，地面和池底全由香糕砖铺砌而成，整洁而美观，一代风尚赫然在目。

一四、天街寺观

佛寺、道观是古人的"心灵安慰所"。宋孝宗说，佛以养心，道以修身（大意），说得简明透彻。与寺观一起叙述的是祠庙，即古代的名人纪念馆。祠内像主（一般为画像）仍保持着生前的身份，祠也如民居仅稍规整。庙内像主（可能为彩塑像）死后被封侯封王甚至尊为大帝，庙的建筑也跟着升级，红墙，歇山顶主殿，如岳王庙、关帝庙。

在天街两侧，有记载的是：

●宝莲寺（白马庙巷西宝莲山下）。

●广润寺，在长庆坊（今十五奎巷）山下，依山凿石，作大佛半像，又称大佛寺。元改百法寺。

《清明上河图》中市郊的一大寺院大门，建筑风格朴厚庄严

《西湖清趣图》

　　图中的寺院外观,皆为红色木壶门包裹,以此保护夯土泥墙不受风雨侵袭,与少雨的北方寺院在外观上有明显的区别,估计杭城内寺观亦皆如此

　　●昭节庙,供奉的是北宋之国初,后周守卫宫门的东三班卫士,他们不愿效忠新主,全部自杀身亡。经宋太祖抢救,救活乔亢、陆轨二人,问明情况,称"皆忠孝","慰劳再三",留用升祇候。二人谢恩归,"各复自尽"。太祖"悯之,厚加赐恤",南宋初建庙于保民坊中,赐额"昭节",即今城隍牌楼街。由于宋太祖的"绝识伟度",奠定了两宋三百二十年的国祚和"四大发明"宋有三的文明成果,远超汉唐各朝。

　　●通玄观,绍兴三十一年(1161)建,宋高宗书"通玄"二字榜之。今仅存观内摩崖石刻,有宋高宗长诗碑与道教三清浮雕石像,在太庙广场南紫阳小学内。

　　●天庆观,唐末为紫薇宫,北宋改名,宋理宗书"天庆之观"匾。元改玄妙观。

●百福院，钱王建于城外，宋孝宗乾道五年（1169）迁至棚桥。元代毁。

●仙林寺，在安国坊，绍兴三十二年（1162）建成。宋孝宗赐匾额"隆兴万善戒坛"。淳祐三年（1243）赐额"飞天法轮宝藏"。又赐浇铸在钟上的铭文，"……作镇梵宫，法音无际。巩我种皋，万有千祀"共二十四句。元末，张士诚占寺为军器局。

●报恩光孝观，钱王建于清泰四年（937），始名开元宫，北宋徽宗即位初改崇宁万寿观，"建徽宗本命殿"，南宋绍兴七年（1137），改报恩光孝观，"以追崇徽宗香火"。观所在之巷因名观巷。

●萧相国庙，祀西汉丞相、律法制定人萧何，庙原在汴京，南宋在戒民坊建庙，"义有所取"。

●东平忠义靖王庙，在修义坊内，祀唐代守将张巡（南阳人）、许远（盐官人）等五人。天宝十五载安禄山反叛，张、许合守洛阳，拒降死战，城破被害。南宋建炎二年（1128）建于修义坊，毁于元末，明初重建。

●广福庙，祀南宋初年民间慈善家蒋七郎三兄弟（蒋村人），宋度宗咸淳初（1265），经临安府尹（市长）报请获准建庙于盐桥桥上，三人皆封侯。今六七十老人应仍有此记忆，因庙桥一体，俗呼联桥。

●二圣庙，即仰山二王庙，原在江西袁州（今宜春市）。南宋有马军二人赴赣买木材，筑筏返回遇飓风几覆，得二王神助，脱险回杭，建庙马军营地，后加封神号，内皆有圣字，故俗呼二圣庙。

二十世纪六十年代以前，杭州街巷还有不少大小寺庙存在，如盐桥广福庙、长明寺、金华将军庙、佑圣观、三圣庙等，还有不少被改成小学、工厂、茶室的寺庙建筑依旧，石柱对联仍在，与左右民房少有外观上明显差别，根本没有园林，宋画中的寺庙虽多，但于此几无参考价值，故不复引用。

一五、天街后市

　　京城的民居、店铺大都是用竹木建成的，虽然用木格子窗这种轻装修可以布置出一个个宜居空间，但若用今天的话说，其实就是简易房，最怕火灾。一旦失火，往往连烧一片。宋宁宗嘉泰元年（1201）三月二十三日夜，御史台（约今叭蜡子巷）吏杨浩家失火，延烧至御史台、军器监、司农寺、皇城司、太医局、法物库、御厨等官舍，连烧四日夜方熄，受灾居民五万二千余家，共十八多万人，死五十九人，"践死者不可计"，弄得不少官员只得租船居住办公。这是定都以来最大的一次火灾。四年（1204）三月又失火。开禧三年（1207），居民家失火"延烧内廷六百余间"。宋理宗宝祐二年（1254）二月京城大火，天街西侧从市西坊（三桥直街）至河坊街，被烧成一片瓦砾，灾后拓宽重建一街，仅较天街稍窄，故名新街，后改后市街，皇帝去景灵宫献祭返

下后市街南口今貌，旧迹荡然
（刘雨田 摄）

·065·

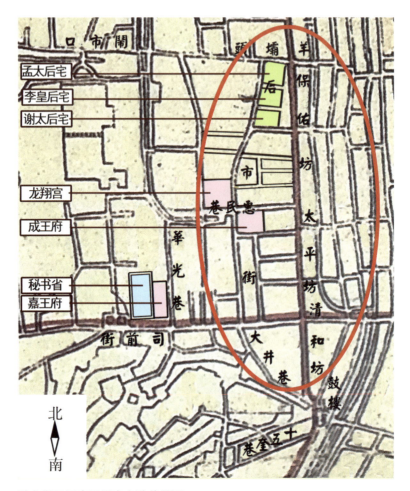

后市街三王府三后宅大致位置图

回时，于市西坊转西穿过后市街，东转入天街再南行回宫，让出了三桥至河坊街口一段闹市，从此成为定式。

当时有人在三桥旅店墙上题诗云："龙翔宫阙壮帝都，銮路迂回枉德车。天帝也知明主意，故教劫火辟通衢。"意谓上天也知道英明领袖爱护百姓的美意，故意放了一把火，在闹市之后另外开辟了一条大路。

后市街正处在市西坊（三桥直街）至市南坊（惠民路）天街洋坝头之后，也是商业繁盛地，有柑子市，有酒楼茶坊面店食铺，仅规格价格稍低，名

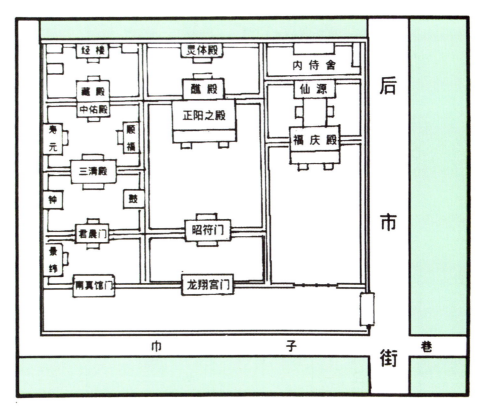

理宗潜邸沂靖惠王府改建的龙翔宫平面分布图，可知王府当年的大致格局

稍大者为"蛤蟆眼酒店"。后市街北段有三座皇后宅，即宋高宗的伯母孟太后宅，宋光宗的李皇后宅，宋度宗的谢太后宅，各有传奇生平。但皇后宅不是宫外别墅或娘家府邸，而是供奉皇后娘家祖先的场所，由皇家派人管理和守护。遇先人忌辰，皇后来此祭祀行礼，召见亲属，是她们垂范天下的作秀平台。后市街被巾子巷（惠民路）断为上下二段，下后市街南首有沂靖惠王府，系宋理宗即位前的潜邸，其斜对的上后市街北首为成王府，即宋度宗赵禥的潜邸。巾子巷西头的泰和坊（俗名华光巷）内有嘉王府，是宋宁宗赵扩的潜邸。南宋后三帝（宁宗、理宗、度宗）的故事都发源于此。此处一时间成了南宋历史的聚光点，着实不可小觑啊！

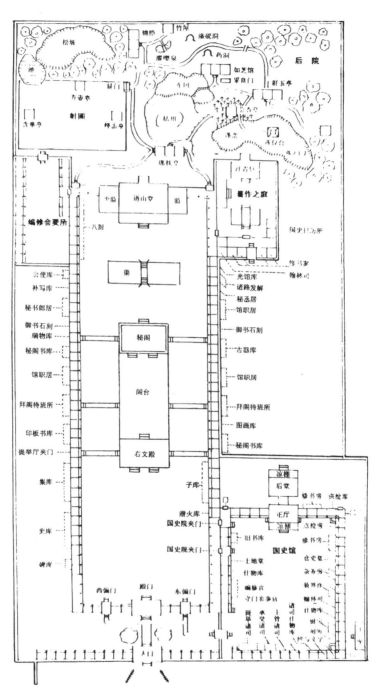

根据晚清丁丙《武林坊巷志》中相关记载，所绘南宋嘉王府左侧的国家文物档案馆秘书省平面图，陆游八十岁后曾来此编史

一六、天街酒楼

据周密《武林旧事》等书记载，天街从朝天门至众安桥及左右的名大酒楼有：

1. 和乐楼，新宫桥升旸宫南；2. 和丰楼，后市街武林园南；3. 中和楼，在保康巷北；4. 春风楼，在众安桥南；5. 太平楼，太平坊巷口；6. 太和楼，亦称泰和楼，莫家弄稍北；7. 丰乐楼，丰乐桥旁，一说在桥上；8. 熙春楼，市河南端；9. 三元楼，五间楼对街；10. 五间楼，亨桥西；11. 赏心楼，亦作赏新楼，在坝头北修义坊口；12. 花月楼，在后市街南口；13. 日新楼，荐桥大街西端

《清明上河图》中北宋汴京的临河酒店，正门（竖有欢门处）临街，这种房屋设置，应很符合南宋临安多河的地况

日新巷口；14.蛤蟆眼酒家，后市街内；15.井字楼，众安桥河下永福寺巷口；16.聚乐楼，在融和坊；17.双凤楼，在洋坝头；18.嘉庆楼，在融和坊；19.风月楼，在金波桥西。

以上 19 家中，1~7 为官办酒楼，属临安府检点所管辖，由它投资和享受收益，故任命的各酒库（即酒厂）的厂长和酒楼经理，都属于在编官员。酒库酿造的酒供酒楼自销，资本雄厚，设施齐备。各有官妓数十人，有金银酒器千余两，设备考究，楼堂华丽，但这些酒楼多为太学等校生员光顾，"外人未敢登也"，因为不敢冒犯有官气的店员。"学舍士夫"是未来的官员，又有话语权，根本不怕小小的酒官。

民营酒楼没有酿酒的权利，得向临安府卖酒局（在边家渡东）批来成酒才能售卖。但民营酒楼善于经营，楼内皆分设十几座大小阁子（包厢），杯盘碟勺等酒器全用银制，"以竞华侈"。各楼皆有美女数十人陪酒，时装艳服，巧笑争妍。又有邻近少女不呼自至，歌吟以求支赏……除了菜单上眼花缭乱的菜名，还不时推出名为"家风"的熟菜或半成品，如糟蟹、糟蹄、酒蛤蜊等，还有自制的"醒酒味"，如脆螺、法虾、仔鱼等等。"凡下酒羹汤，任意索唤"。上菜时，传唱如流，"不许小有违误"，店家"极意奉承"，顾客真成了上帝。所以歌管欢笑之声，通宵达旦……"虽风雨暑雪，不少减也"。虽然最大的官办酒楼太和楼有诗称"太和酒楼三百间"，"有酒如海糟如山"云云，经营业

《清明上河图》中汴京孙羊店大酒楼前的大欢门

青浦博物馆壁画《海纳百川》

　　图中以大酒楼为中心的南宋街貌（伯星壁画工作室创作）

绩未必胜过民营酒楼。

　　大酒楼除售卖自酿酒，也卖临安府与各地名酒，计有五十余种，如有美堂、真珠泉、皇都春、蓝桥风月（吴府）、紫金泉（杨郡王府）、琼花露（扬州）、六客堂（湖州）、蓬莱春（越州）、金斗泉（常州）……菜品则数百种，

不可胜数。

　　大酒楼以外的酒店统称"拍户"，因各有不同特色又有不同名称。详
见如下：

　　一、分茶酒店。店堂敞大而无楼厅，凡堂食花钱不多，价格比大酒楼便宜，

杭帮菜博物馆《美食天堂》

壁画中的南宋京城餐饮大观图局部（伯星壁画工作室创作）

所售之物品种有一百五十多个，还允许各式小贩入内兜售食品，进出方便，颇似一处开放的大市场。

二、包子酒店，主食为各式包子，如灌浆馒头、虾肉包子等，酒成了饮料。

三、肥羊源店，以羊肉为卜酒的主要菜肴，名店有涌金门归家、后市街口施家、马婆巷双羊店等。

四、花园酒店环境优美如园林。

五、宅子酒店，小店如平常百姓人家，取宾至如归之意。

六、角球店，只卖酒，不卖菜肴。饮者零沽碎卖，站着喝几杯便走。这种小店"多是竹栅布幕"，没有像样的店堂，外面挂草葫芦、银勺子做标记，连酒旗也没有。比它好一点儿的酒店，售卖经济菜如血脏、豆腐、螺蛳等。"乃小辈去处"即贫民的酒店。

从记载看，各大酒楼皆为楼房或楼阁，诗中的太和楼还设东楼和西楼，并字楼的结构如井字，中有大院。门前皆有竹木搭建的欢门，白天五彩缤纷，入夜灯火辉煌，一望便知其不一般。其余皆为平房，有大小雅俗之别而已。全城有这么多的酒店已足惊讶，更难设想的是，天街中段包括两侧竟集中了近 20家大酒家，繁盛一个多世纪，这需要民间有多少购买力才能支撑？据专家研究，南宋的国民生产总值占当时全世界的百分之六七十，仅此一点就能发现还是可信的。

一七、天街酒节

酒被称为"天之美禄"，意为上天赐给人类的美味。故从汉武帝开始，朝廷就控制了酿酒卖酒，实行专卖制，"赖以佐国用"。同时严禁民间私酿私卖，违者严惩。北宋末年设"比较酒务"，对按定额分配给各家酒库（酒厂）生产的酒进行质和量的评比，实行奖罚。南宋仍以酒、盐、茶三税作为朝廷最大的财源。

南宋临安府点检所下辖的城内外十三座酒库（厂），由府署投资并下达生产任务，卖酒所得利润只上缴府署用于养兵和行政开支，不用上缴朝廷，故这些酒库颇似今天的地方国营企业。

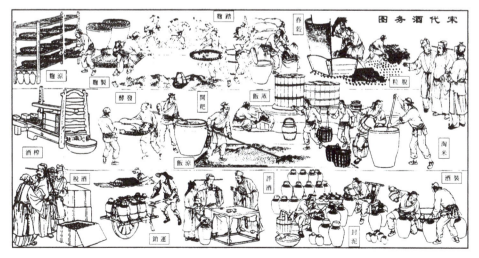

南宋酿造酒的程序图

酒库（酒厂）的领导，称"监某某库"，即酒厂厂长，临安府任命的官员。其下设"专吏"，即专管业务的科员，再下为"酒匠"，相当于工程师与技术员，再是具体操作的工人，由他们直接从事酒的酿造。

每一库又设清、煮二界。清界，指的是即酿即售的低度酒，类似民间的米酒，经过沉淀滤出清汁即为清酒，酒力甚微，仅是有酒味的饮料，便是《清明上河图》中酒旗中写的"小酒"。煮界工艺复杂耗工耗时，属于发酵酒。冬酿春成，灌坛堆藏，至少须二年后才能启封售饮，越陈越佳，故名老酒（范成大取名）。

官库设酒楼，自产自销，因称"正店"。官库的分部称为"子库"，酒楼的分号则称"脚店"。

酒与人民的关系密不可分，与朝廷又利害相交，不知何处高人想出一个全新的全民节日来，名曰"迎酒节"。例于每年八月中旬新酒开坛前举行，对全城十三家酒库的产品进行公开评比，然后"开沽"，即启封售卖新酒。

这十三家官办酒库及方位如下：1. 东库，在崇新门内，有太和楼。2. 西库又名金文正库，其清界库在三桥南，煮界库在涌金门外，有丰乐楼。3. 南库原名升旸宫库，其清界库在清和坊南，有和乐楼；煮界库在社坛巷南。4. 北库之清界库在延定桥（鹅鸭桥），有春风楼；煮界库在祥符桥东。5. 中库之清界库在众乐坊北，有中和楼；煮界库在井亭桥北。6. 南上库又名银瓮子库，清界库在睦亲坊北，有和丰楼；煮界库在东青门外。7. 南外库之清界库在便门外清水闸，煮界库（又名雪醅库）在嘉会门外。8. 北外清界库在湖墅左家桥北，有春融楼；煮界库在江涨桥南。9. 西溪库之清界库、煮界库皆在九里松一字门两旁，有西楼。10. 天宗库之清界库在天宗水门内，煮界库在余杭门外上闸东。11 至 13 依次为赤山库、崇新库、徐村库。另钱塘门外上船亭有钱塘正库，设先得楼（即望湖楼），新门（后为望江门）内有会仙楼正店，不知属于何库。

到了中秋前数日，各库向点检所呈文报产量，即有公告回复，将择日举办全市迎新样酒呈示评比活动，称为"开沽呈样"。

这天一早，各库人员排列整齐，准备前往临安府校场（约今南山路东侧荷花池头一带），接受有关领导抽样检查评比。出发时走在队伍前面的，是一名大力士，擎三丈高的竹竿，顶上垂一条白布，上写"某库选到有名高手酒匠酿造一色上等浓辣无比好酒呈中第一"，称为布牌，由三四人扶持而行。其后是大鼓和乐队，再由人抬着参评样酒数坛，装于去盖的方盒中，各披红绸。样酒之后是化装走街表演，有的扮成八仙、渔父、猎户、竹马，以及各种市食担子的，或奇松异桧，或台阁（由数人扛着，在方桌上固定姿势的少儿表演），所演皆为人所共知的神鬼故事，再是假扮的文身浪儿、服役女佣，手擎花篮和精巧笼杖，招摇过市，再是各库临时雇来的美女，艳妆丽服，或骑马或步行，由雇来的大户人家的闲差充当押使，引马随从，以增人气。最后压阵的是"专知大公"，即专职造酒的酒匠，皆新帽紫衫，乘马缓行，这是他们一年中最长脸的一天。

这次全市性评比分三步完成。呈样前十日，由各库领导呈样自评；五日前，于点检所金厅集中库样酒初评；活动当日市府相关领导依次观看样酒后，公布评比结果。获奖的奖品为彩帛、钱会（纸币）、银碗，由人驮于肩上，走在马前，列队由原路返回。"所经之地，高楼邃阁，绣幕如云，累足骈肩"，争看冠军，一时风光无限，出足风头。行至众安桥附近，"纳牌放散"，全市开卖新酒。

这一全民狂欢的迎酒节，"追欢买笑，倍于常时"，极大推动了全市性的酒水消费和酒库人的工作积极性……可惜的是随着南宋的灭亡，这一切都随风而去，号称的南宋御街上哪里还有比肩相望的官私大酒楼，谁还记得迎酒节满街的酒香和欢笑？

一八、天街从食

　　从食，其实就是宋人对所有副食品的统称，包括米粉做的糕团，麦粉做的统称饼，宋人说的汤饼就是面条。售卖从食的店铺就归入从食店，包括饭店、面店、汤团店、糕团店、粥摊等。临安是一国之都，每年有无数天南海北的人前来求学求职、述职调任、探亲访友以及种种公私营干。为了适应各地人群的口味，有专一的川味、粤味、湘楚、闽赣、两淮的特色菜馆食店。据周密《武林旧事》记载，粥有九种，如七宝素粥、五味粥、粟米粥、糖粥、绿豆粥等。糕十九种，如糖糕、豆糕、栗子糕、重阳糕等。米面蒸作共五十七种，如大包子、灌浆包子、芙蓉饼、豆沙饼、笋肉馅包子、秤锤蒸饼、乳饼、千层饼、菜饼、月饼、烧饼、大学馒头、羊肉馒头、蟹肉馒头等等。其中有种"鹅头颈"，我始终

宋画中售小吃的小贩

不解为何物，某年在硖石忽听街上叫卖"鹅头颈"，急往买之，原来是外裹松花粉的棒形豆沙芯米粉糕，以外形符其名。由这一思路去猜春茧、骆驼蹄、仙桃等食品，或可有所觉悟，即茧子状的、骆驼蹄状的、仙桃状的糕团。吴自牧《梦粱录》又载，面食店供应的面有十余种，如猪、羊肉盖碗面、炒鸡面、鸡丝面、三鲜面、笋泼肉面、耍鱼面、盐煎面、大熬面、子料浇虾䐑面等等，还有几十种浇头。另有专卖馄饨的，也有各色馅料，由客人选购。专卖各色素面和家常饭菜的，供应骨头羹、鸡羹、蹄子清羹、鱼辣羹，冻肉、冻鱼、冻鳌、煎肉、煎鱼、煎鸭、煎豆腐、煎茄子等，都是穷人或干重活人的去处，只求饱食，但观其菜谱并不过于穷酸单一，可见当时社会待人的淳厚之风。

"凉水"，即今之冷饮。《武林旧事》开列了十七种，如甘豆汤、鹿梨浆、卤梅水、姜蜜水、木瓜汁、雪泡缩脾饮等等，其中的卤梅水可能就是今天的酸梅汤。椰子汁也列其中，惜无人知。有这八百年的历史可以做出多少好文章！这些都是民间炎夏降温避暑的饮料，由茶坊和食店叫卖销售。皇帝的冷饮叫什么呢？同书《卷七·乾淳奉亲》中载，德寿宫中太上皇宋高宗的冷饮叫"沆瀣浆"。经研究南宋菜肴的专家宋宪章先生破解，认为就是甘蔗汁与萝卜

汁冰过后合成的。某年我请酒厂的友人按此方做了二物合成汁，送到杭州，色深灰赭，生的味微甜而凉滑，入口腹中冰凉。熟的因无冰箱，过夜即坏。由此想到，如能用现代技术开发"沆瀣浆"，不仅对德寿宫大有裨益，也将大有利于种植的农民、生产厂家和广大民众。

当时所有的食店门前皆有竹木搭的欢门，较富有的店都仿效大酒楼，将它缚成高耸的山棚，上挂半边杀白的猪羊，门窗皆红绿五彩装饰，高悬酒旗，以为招徕。

宋代的酒旗称川字旗，蓝白二色，两条半蓝色自上而下，远看如川字，中间一条只有上下两截蓝布，中间空白写字，或写店号或写"小酒""新酒"二黑字。南宋末年的《西湖清趣图》中先得楼的酒旗变成了一方白布，上书"钱塘酒库"四个大黑字。现在有的店家一心摹古，把酒旗做成黄底黑字红牙边，殊不知在宋代这是违禁的，牙边旗是官员随从才能打的，柳永《望海潮》词中云"千骑拥高牙"，"高牙"便是高高的牙边旗！

低一档酒食店堂内的经营也效大酒楼，没有半点怠慢。小二如有差错，为客举告，必致罚工，"甚至逐之"。

看罢周密、吴自牧二书记述的店家待客的实况，不由感叹彼时人性的纯朴友爱，看罢二书开列的极其翔实的菜品食单，有的已寂然无闻，有的则茫不可解，更多的是已消失无踪！如果真能借"宋韵"之热，努力修复、重现这些主从食品和菜品，那才有利国利民的实效。

一九、天街名点

　　自早至晚，自南而北，几乎每一个坊巷口都有名点小吃，令人流连。这众多小吃，大多隐没在字里行间不为人注意，今天专作一文，把它们单挑出来，集中展示，使为人知。

　　先从天街南端、皇城和宁门说起。门外小广场上左右排列红漆木叉子威严无比，不想每日四更后这里就成了临时的"马路市场"，买卖兴旺，有为人所好的早点，如孝仁坊巷的红白烧酒，曾经宣唤入宫，其味香软，入口便化。又卖五色法豆，用五色纸包装，又有皂儿膏、澄沙团子、乳糖浇。稍北六部桥，卖丁香馄饨，制作精细，味尤称佳。再北太庙巷口，卖杨梅糖、杏仁膏、薄荷膏、十般膏儿糖。通江桥畔卖雪泡豆儿水（冷饮）、荔枝膏。进了朝天门，太平坊卖麝香糖、蜜糕、金铤裹蒸儿（状如金铤的蒸糕）。洋坝头中瓦前卖十色糖，还有推车卖的糖糜浇乳糕，也曾经被宣唤入宫。市西坊（三桥子直街）卖鲍螺滴酥（酥油制作形似螺蛳的甜食），寿安坊（官巷）卖十色沙团。众安桥的澄沙糕、十色花花糖，观桥大街的豆儿糕、轻饧（糖块），都是当时名点。到了夜市开张，又换一批小吃，有后市街武林园前的煎白肠，灌肺岭（融和坊对街）卖轻饧，中瓦前推车卖香茶异汤，狮子巷口煎耍鱼、罐装熬鸡丝线粉、七宝科头。市西坊卖焦酸馅饼、千层饼，亨桥五间楼前卖余甘子、新荔枝等。

　　头顶着盘盒沿街叫卖的，有姜豉细切膘皮（肥肉皮）、炙椒酸肉干、羊脂韭菜饼、糟羊蹄、糟蟹等。挑担和挑架子（如以前的馄饨担，一头装有炭灶）

《美食天堂》局部

沿河的食店顾客盈门，前后酒楼酒旗招展（伯星壁画工作室绘）

卖的有：香辣灌肺、重辣素粉丝汤、串肉（类似羊肉串）、姜虾、海蜇鲊、清汁田螺羹、羊血汤、馄饨、濯面等等。所有小贩都仿效北宋汴京的腔调，歌叫着在人群中穿行。

对照《武林旧事》中的"市食"会发现，许多食品名称与《梦粱录》中的小吃名点重合，可见就是一回事。它所列四十一种"市食"中，颇不同者

有：鹌鹑馉饨儿、猪胰胡饼、七色烧饼、焅鳗鳝、麻团、煎鸭等。其中不少连字都打不出，可见这一文化消亡得何其彻底！

看罢这林林总总的小吃名点，不禁会问当时是如何制作的？《武林旧事·作坊》正好作了说明。文中所列作坊共十五家，十一家直接为"市食"服务，即麸面、团子、馒头、焅炕鹅鸭、焅炕猪羊、糖蜜枣儿、诸般糖、金橘团、灌肺、撒子、萁豆，几乎涵盖了所有小吃早点的具体制作。这些制作无不工序繁多，不是一二人在昼夜之间能一举完成的，只有通过集体的分工合作，才能产生效益。故书上又说：小贩们的"买卖之物，多于作坊行贩已成之物，转求什一（十分之一）之利。或贫而有愿者，凡货物盘架之类，一切取办于作坊，至晚始以所直偿之。虽无分文之资，亦可糊口。此亦风俗之美也"。分工的细化，集体的合作，真切地反映了南宋在商品经济大潮推动下社会自然发生的进步，并无官府提倡、专家指导的痕迹。

南宋洪迈《夷坚志》中有一则故事，正好写到小贩与作坊的关系，概如下：

书中说有一位在外地任职的官员退休后回杭，住在荐桥大街旁。一天上街遇到一位以前的仆人，托盘卖爐鸭（即熬或煮成的熟鸭），就问他何以在此及近况。他说现在靠此度日，每日四更便去作坊，看几口大锅中正熬煮着鸭，候熟逐一捞出，浇上油醋佐料，红亮鲜嫩。人知其无盘，逐按常例分其数鸭装盘出卖。向晚售完，复去作坊，算去成本及制作费用，余即为所得。正与《作坊》所说相符，表明南宋商品经济的发展，加速了社会分工的细化，个体生产正在向小型集体合作性生产转型，若无这则故事，几乎有些不可想象。

二〇、天街杂卖

多年前看到网上明代一画，画金陵（今南京）街市，人流如潮，店铺密集，招幌林立，其实七八百年前的南宋临安天街，早有这番应有尽有的繁盛景象，甚至出人意料。

家用物品有桌、凳、凉床、交椅（折叠椅）、绳榻、竹椅、衣架、裙厨、棋盘、面盆、脚桶、浴桶、马子、食托盘、青白瓷器杯碗碟壶、菜盆、茶盏、蒸笼、擀面杖、竹编盖罩、斑竹帘、竹笆篱、水缸、火盆、枕头、竹夫人（竹制凉枕）、席子、凉席等；文具有笔墨纸砚、滴水、笔洗、笔架、裁刀、书剪、棕刷、各色麻线等；服饰类有鞋面、粉心、粉盒、胭脂、针线、冠梳、领抹（衬领）等等，皆在天街两侧街头巷尾的摊头上可以细心选购。还有随时走来的货担，叫卖油、油苔、扫帚、笊帚、柴料、拂尘、马勺、泥风炉、小缸灶儿，铜铁制品如熨斗、铜罐、火

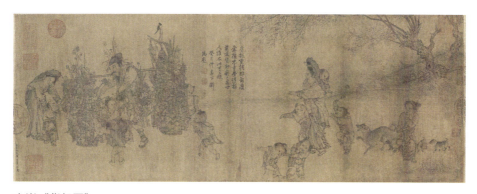

李嵩《货郎图》

苏汉臣《货郎图》

锹、漏勺、香炉、帘钩、汤婆子（盛热水，冬天放被中取暖器）、铜瓶、壶、盏、盘等等。

尤其不可忽略的，是随着南宋经济的全面复苏和发展，社会安定，人们开始追求生活质量，沿街叫卖兴起了一个新的行业：卖花。马塍生产的四时鲜花，被分成有窠的花，有插在瓶中的一束束的花，插在瓶中象征常青不老的柏枝、有枝叶茂盛含苞待放的桂花，有宽大厚重不谢不凋的罗汉叶，有春天带花苞的桃花、瑞香、木香、杏花等，夏天的金灯花、茉莉花、葵花、石榴花、栀子花、盆荷，秋天的兰花、桂花、秋茶花、各种菊花，冬天的梅花、水仙花、蜡梅花等等，让四时鲜花装点居室书斋、庭院和边角空地，赏心悦目，怡心养性。但鲜花都有固定的花期，开落有常，花谢惹愁。为了填补这种缺失和遗憾，又开始流行仿真的帛花，用罗帛制作、用脱蜡工艺定型，如真的花朵，源源不断走进都人（临安居民的自称）之家，装点出一个个长开不败的美丽的私人空间。

在曲巷深坊中，常有使漆修旧工匠走过，扛着斧凿锯锤等工具，打制腊器（锡制酒壶、烛台等）、修灶、上屋捉漏、用炭末捣碎做成棒形燃料等，技术性强又劳动强度大，不是熟练工不能完成。还有不唤自来，专修幞头帽子、接梳子、染红绿牙梳、穿结珠子、修磨刀剪、磨镜等精巧细话，为雇主排忧解难，支清功夫钱，揖谢而去。还有长包的，如给雇主每天定时定量挑送饮用水，每月算一次总付脚钱……

如果你家养马，每日自有人来提供草料；养狗，则提供饧糠；养猫，则供鱼鳅；养金鱼，则供水生微生物如水蚤……总之，只要你肯花钱，可以在京城过得舒坦而风雅。按时送货上门，月终结账，可算是那时的快递！这一切能做成功的基础，只有二字：诚信。

二一、天街建筑

　　天街两侧的民用建筑，包括酒楼、茶肆、食铺以及民居。在《宋史·舆服志》中，规定："六品以上宅舍，许作乌头门。父祖舍宅有者，子孙许仍之（继承）。凡民庶家不得施重拱、藻井（天花板）及五色文采为饰，仍不得四铺飞檐。庶人舍宅许五架，一间两厦（人字形屋顶）而已。"陆游任军器少监（副局长）就是六品官，但他租房住，不可能在房东门前建乌头门摆谱。与他相同，南宋笔记中很多官员都租屋居住，所以在南宋绘画中几乎不见乌头门的影子。有门屋的大小院子却不少，如刘松年《四景山水图》等，不胜枚举，反映对生活质量的硬性追求。

　　不得施重拱，就是柱子头上用以托高的斗拱只许一层，不许两层或三层，

赵伯骕《风檐展卷图》局部

　　此屋左北右三面皆纸糊格子长窗，南面长窗已拆，露出左右美人靠坐板。左右窗内侧皆挂书画条轴，榻后等长大屏

刘松年《山水四景图》

　　表现了南宋民居建筑一年四季中格子窗热卸寒装的完整过程。这是《山水四景·秋图》中的双层木格子窗屋

　　以限制屋的层高。四铺是四个屋面，只有最高等级的屋顶——庑殿顶才是四个屋面，并不许做成屋角向上翻飞的形状，这就成了官府用的歇山顶（第二等的屋顶），只许用人字形屋面，限制房屋扩面和等级提升。所以《清明上河图》中的街面房，都是人字形屋顶，两侧为硬山顶的薄薄的山墙，既不是夯土泥墙，更非砖墙，而是先立柱，起篱笆（竹条编或柳条编），两边涂泥刷白为墙。故墙的繁体字为牆，即竹片朝外为墙。柱和板壁皆为白木（不上油彩）构造。我想南宋临安的前一百多年间，天街两侧开店或居家的平房，大约都是这种简单易建的样式，因此极易发生连片火灾。马头墙首先必须是砖墙，这是明代中叶的事了，与南宋相差已近两百年！

　　唯一跟北宋与明清民房不同的是，木格子长窗无处不在，成为空前绝后的装修样式。为适应临安冷热悬殊的天气变化，格子窗可随时拆装，可设内外两层，再于檐下悬帘幕，解决空间通风采光问题，因此创造了移门、槛窗（上半部三分之二为窗，下半部三分之一为墙或装有美人靠的坐板）、蝴蝶门等新构件。到了后五十年，时拆时装的木格子窗才变成了固定上下、向外推开的隔扇窗，至今仍可见其风采。从南宋末年创作的《西湖清趣图》中可以看出，

刘松年《晨读图》，读书人坐在一座纸糊木格长窗建成的书屋中

刘松年《山水四景·冬》局部。木格子窗包裹的屋子，也可见敞开的移门

沿湖的住宅已大多变成了楼房，还发现了不少勾连式建筑，即原本平行的两幢楼房合二为一，既省地省材，也扩大了一倍使用面积。相信这巨大的变化，一定会反映到天街两侧。多年前旧城改造中，我有次路过涌金门直街西端，猛然发现被拆了围墙的涌金庙大殿竟然是前后二殿连体的勾连式建筑！

在南宋画中也多楼房，诗中更多有提及，如陆游"小楼一夜听春雨"，陆友韩漉诗"投老吴山小楼底"，杨炎正《钱塘迎酒歌》一句写得更切题，"画楼突兀临官道（天街）"，说明大酒楼不再是《清明上河图》中无彩绘的楼屋，而是屋檐、廊柱、栏杆、窗板等处都有繁简不一的彩绘图案，故名画楼。

再看《清明上河图》中的"孙羊店"大酒楼的建筑构造，它的大屋顶既不是人字顶也不是歇山顶，恰在二者之间，人字

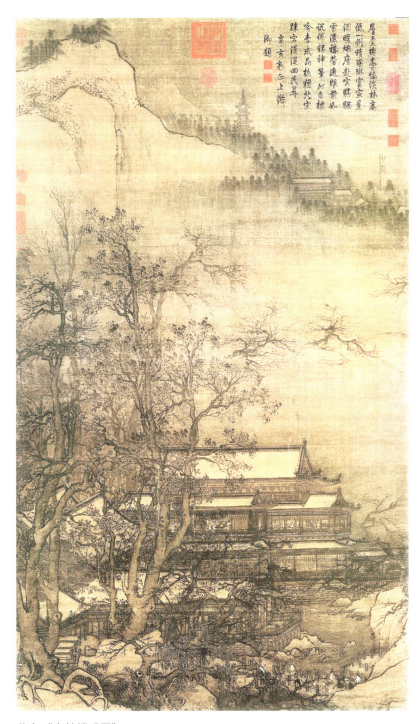

佚名《寒林楼观图》

佚名《寒林楼观图》

（局部线描）

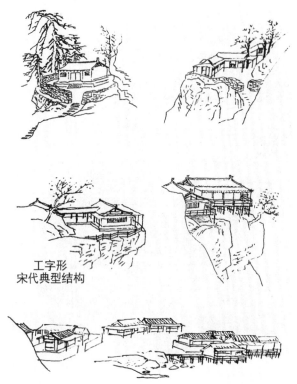

工字形
宋代典型结构

临安地形多变，以上
建筑可看作山地水边的
民居

《西湖清趣图》中南宋末年京城钱湖门的街区

顶左右向外伸出两个不大的三角形屋面，屋角平直不翘，屋脊上也有起伏，但非官式戗脊上的瓦兽，而是蹬着的三角形砖块。民间巧妙地突破了官方的禁令，创出了非骡非马的形式，自成其趣。刘松年《山水四景图·夏》中水亭的屋面也有创新，正面看是人字顶，侧面则在人字顶中包含着两个左右披屋顶，若以同样的结构建屋，就能使三开间合法增加成四开间（左右半间合成一间），这就不违制了。南宋佚名《寒林楼观图》中有一幢三层高楼，是宋画中的唯一。一二层正面七开间，二楼屋面升起三楼，五开间，单檐大歇山顶。楼上人影绰约，但无酒楼记识，由此想到天街酒楼未必没有这般高峻突兀的建筑。

天街东侧的大酒楼前临天街，后临市河，自有另一番装修，或有挑出水面的小轩，以便凭栏观赏桥影河景，听橹声咿呀，入夜看河上光波灯影，纳凉醒醉。

除了官私大酒楼，其他食店茶坊乃至各种店铺都可以门前搭起竹木门架，以供张灯结彩，悬挂店招、店牌。京城中有名的茶坊大多分布在天街左右，如黄尖嘴蹴球茶坊、车儿茶肆、蒋检阅茶肆、王妈妈家茶肆，"皆士大夫邀朋约友会聚之处"。店堂内张挂名人书画，屋四角摆放盆景和时新盆花，以此吸引顾客，成为富家子弟和各官署下班员工聚会的场所，学习乐器，教曲练唱。被《梦粱录》作者吴自牧先生认为"非君子驻足之地"的"花茶坊"，色情场所，内外都装修得香艳亮丽，毋庸讳言，也是造就临安百年繁盛的一大支柱。

天街建筑离不开当时条件的限制，只能选取最易解决来源和加工的竹木泥石，多用木板壁、木格子、泥瓦等建造房屋，创造出适应当地的结构和装修，造就了中国建筑史上空前绝后的一种新的建筑美：轻便，简明，整体，多样，连人们无从一睹的皇城宫苑内都是整齐划一的木格长窗，如马远《华灯侍宴图》所展现的最为典型。而天街，便是一条向天下人展示南宋建筑最高最新成就的长廊。

二二、天街路网

　　天街是临安城中纵贯南北的主干线，街上仅观桥、众安桥两座，皆为南北向，两边各伸出若干支线，加上流经各处的内河如西河、市河、盐桥运河即中河，河上桥梁多东西向，只有东西向的横河上之桥为南北向，由此构成了四通八达的水路交通网，现从天街北端的观桥往南依次说来。

　　观桥西过观桥大街，过西河上的新庄桥，就是余杭门内大街西侧的皇帝家庙景灵宫，约在今武林路北端的西侧；观桥东侧是佛寺和居民区。

　　众安桥是天街第一交通中心，其西沿众安桥河下接前洋街（今庆春西路），过国子监拐北向西过西河上的车桥，再拐个弯可到钱塘门，出门就是西湖；众安桥东侧过市河上的鹅鸭桥，就是盐桥大街，跨过盐桥直通为东青门，其址约在今东青巷与头发巷之间。东青门外有瓮城，门外即菜市运河（今东河）上的菜市桥。

　　第二个中心是官巷口，西侧有官巷，止于西河上的井亭桥，东侧过市河上的炭桥，再过中河上的丰乐楼，直东无大街。但此处是仁和、钱塘二县的交界处，北为仁和，南属钱塘。

　　第三个中心在洋坝头三桥直街，对面过市河上的猫儿桥，北拐直东是中河上的荐桥，桥东即荐桥大街，直达崇新门。门外有东河上的章家桥。绍兴二年（1132）二月宋高宗从绍兴返驾临安，就在此上岸入城。传说因先在船中休整，故此桥又名装驾桥。三桥直街西为西河上的三桥，桥下支流西出涌金门

京城道路河流分布图

水口入西湖，这一支流二十世纪六七十年代仍在，现已填没成开元路。

第四个中心在朝天门里外，但左右不对称展开。门里为清河坊，直西过龙舌头前，折南向西即清波门；清河坊东即宗阳宫御路（河坊街东路），市河于新宫桥北汇入中河，桥南望仙桥，直东即新开门，因名新开门直街。

由望仙桥向南过通江桥、州桥、六部桥，桥西过天街为六部大院，桥东直通候潮门（有瓮城），故称其路为候潮门里大街或六部桥直街。以桥为界，桥两侧之路明显为东长而西短。

以上城区，在民国初年的杭州地图上还可以找到清晰的痕迹，对照《南宋京城图》基本上没有大的变更。除此以外，还有东城外贴沙河两岸的农舍和兵营，南城外的皇城和玉皇山南的郊台、籍田和浙江渡（约今四桥处）、龙山渡（白塔岭前）、玉津园（皇家体育场）等重要设施，城北的湖墅、运河等，城西的西湖及南西北三面群山和 450 多处名胜（据《武林旧事》统计）。这些地方的道路河流都有详尽的记载，那么南宋人究竟是怎样在其间来去的呢？

二三、天街车马

　　《清明上河图》中街上熙熙攘攘的人群，展示了宋人出行的方式：骑马、骑驴、坐轿、多人可坐牛拉棕顶大车、水路坐豪华多舱大客船和各种小船。到了南宋临安，河多，桥多，几乎不可能有全程无台阶平桥的路段，因此可多人乘坐的牛拉棕顶大车首先被淘汰，南宋画中除了郊外，城市极少见这种牛车了。

　　由于南方雨多路滑、河多桥多，朝廷规定官员上朝坐轿，郊祭骑马。《清明上河图》中二人抬的轿子看似"先进"，曾被宋徽宗定为士大夫独享的体现"尊荣"的待遇，但南宋高官出行坐的轿子（类公务车）与士大夫乘的轿子已有明显的区别。南宋名相虞允文四川老家出土的砖刻图案中，发现了一款南宋的官轿，厢体方正宽大，厢盖高耸，厢底离地高，侧窗严正，连抬的木杠都显得结实而轻便，据载轿厢为全红色。关于轿的乘坐，宋徽宗曾下诏，规定"民庶之家不得乘轿"，"闾阎之辈不得与贵者（士大夫）并丽"，违者以违反御笔论。凡官员、亲王、大臣乘轿，轿体允许"朱漆及五彩装绘"，前有喝道、后有随行人等。抬者视乘轿官员的品级，可有四人，但不见于图。南宋因缺马，特许官员上朝乘轿，但参加郊祭大礼必须骑马。

　　在《西湖清趣图》中已无汴京街头略显粗笨的轿式，民用轿子换成了黑布包裹、偏方形的轿厢。可以想见厢体可能由木架木窗板换成了竹架篾编窗板，外盖黑布，包着竹篾编的盖。轿竿由木杆换成了光滑而轻便结实的竹竿。这种轿子到民国初未变，被来杭老外摄成照片，成为宝贵的资料。

①②赵伯骕《汉宫图》宫中嫔妃乘坐的专车之二式，出行时可单人或双人乘坐

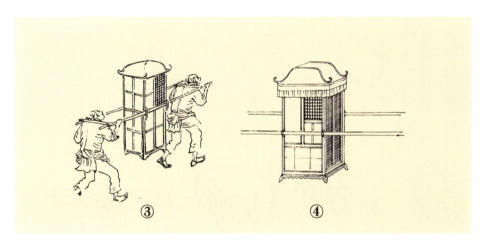

③《清明上河图》中汴京的轿子

④南宋宰相虞允文四川家乡墓出土砖雕线刻的官轿

宋末龚贤画中的竹舆(肩舆)

竹舆与轿不同，前者乘坐之人是露天的，后者乘坐之人是坐在车厢内的，可谓今滑竿的雏形

汴京的木轿出现后，宋徽宗特别下令商人和业贱者不得与士大夫"同荣"。于是出现了"裸坐"凳板上被人抬着走的"肩舆"，其实就是滑竿最原始的雏形，没有轿厢轿盖遮挡身体，路上人人可以看到乘桥人，故名裸坐。南宋后期谢翱《中山出游图》中就有真实的形象记录，估计当年许多社会地位低下而想代步出行的人都曾有过这番体验。

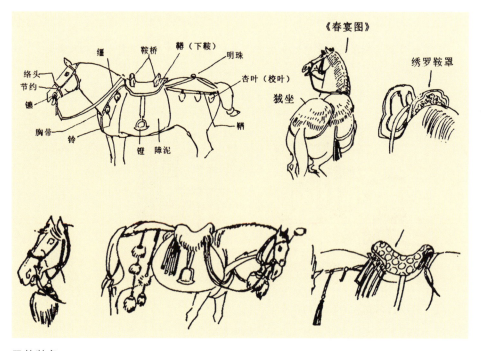

马的装备

1.缨：三品以上"许马以缨饰"

2.杏叶：自宰相、使相、枢相、大学士起至各地行政、军事首长，可在马胸带上悬挂质地不同、花形有别之杏叶，余均不许

3.鞍：非五品以上不得乘画花银鞍

4.鞯：宰执大臣、亲王以下，不得设画花绣鞍鞯

5.带：朝官、禁军长官以下，不得在带上装银、涂金

从《宋史·舆服志》看，马车（4~8匹）为皇帝专用，两宋民间无马车，北宋时大臣尚有马车之制，南宋缺马，马车之制弃而不用，故宋画尤其是南宋画中，不见其形迹

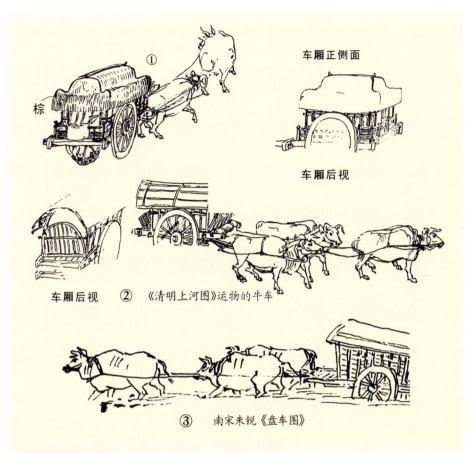

棕

① 车厢正侧面

车厢后视

车厢后视 ② 《清明上河图》运物的牛车

③ 南宋朱锐《盘车图》

这三辆车与牛的联结都不同：

①为白铜饰牛车，顶复氈或棕者，内外命妇所通乘。其车身前伸二杠

②是前中部伸长木钩

③是改长钩为索，后二车为庶民的客货合用车

　　南宋人非常喜欢把称谓称呼简化，比如太守就叫守，通判叫倅，宣抚司机宜文字（机要秘书）叫宣机……也把轿子叫成车。陆游有二诗，都在题中自称"上车"，观其诗才发现是坐轿。洪迈笔记中也多同样的记载，无论是知县还是客栈老板皆如是说，可见称轿为车已成一代共识。

　　马是古人主要的代步工具，南宋缺马，需要量又大，据洪迈记载，都是从

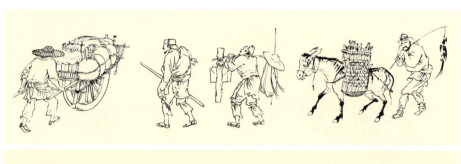

骑马、驴及推车人

西北西南进口，以五十匹为一纲，千里迢迢先送到鄂州（湖北武汉）再通知各地预订马匹的部门派员前往领取，所以临安既有各部门各兵营淘汰的马，也有新进口的马，在马市街、马所巷一带交易。所以中高级官员都由朝廷发给坐骑，包括马的草料。陆游诗中有许多写到骑马出行的，"谁令骑马客京华"想来是尽人皆知的。但外来者不可能都带马，就可以在街上临时租马代步，长短途皆可。洪迈有多则记载写到租马出行之事，比如现在向租车公司租车一般方便。南宋画中也有骑驴的形象，骑者似多为乡间土老财。

民庶只令乘犊车（即牛车）。黑色漆底，间以五彩，不许前有仪物。又，非官员不得暖轿，不得乘四人抬之轿。

说完了陆上之行，再来说水上行。

贯通全城的水路是临安城的水上网络，河道内大小船只首尾相接，川流不息，但无帆船。各色人等出行或远行去湖苏嘉常及江淮等地，多雇舫船、航船、飞篷船，携带货物更以水路为便。而各地入京人员携物也多从水路而来，小的铁头船入城后穿桥而行，饱览两岸景色，可在最近便处靠岸登陆。凡司农寺派出官吏催督米粮雇船返京的，其船多有六七百石至千余石的容量，在下塘河一带由司农寺排岸司负责安排卸货、检察、搜空。中河、市河处处有送客、送柴米杂货的大小船只，卸空后又有客人次第登船出外。每日往返，无一日空闲。

二四、天街瓦子

　　瓦子，就是南宋时临安城内外的民众娱乐中心，观众来如瓦聚，去如瓦散，故名瓦子、瓦舍、瓦肆。全城（含近郊）共有二十三座瓦子，现存的两处瓦子巷，当时都在城外，2003 年后我的工作室租在南星桥外的瓦子巷一带，原来就是南宋候潮门瓦子的旧址，在菜市桥旁，可见盛况非凡。在城内天街，从众安桥到河坊街口，按今天公交站点计，短短五站路的两侧，集中了全城四

佚名《歌乐图卷》

分之一的瓦子，即众安桥南的下瓦（又称北瓦）、保康巷西的中瓦、洋坝头三桥直街的大瓦、熙春楼东的南瓦。

每座瓦子内至少有三座勾栏（用栏杆围起来的舞台），而北瓦内竟有十三座。一座勾栏等于一个剧场，假若每处观众一百人，北瓦内竟有一千五百人同时观看十五个不同剧种和剧目的表演，难怪瓦聚如山堆了！

这样一来就产生了一个百思不解的问题：十五个剧组同时表演如何避免相互干扰呢？八十年代不少朋友提议我画一幅"瓦子竞艺图"，难道用布幕或篾席挡开各演各的？无法解答，只好搁笔。直到近年看到《西湖清趣图》中的钱湖门瓦子才恍然大悟。原来瓦子并不是我们以前想象的是挤在一所巨大的毛竹篾席棚里，用篾席分割出若干小剧场，而是整个一地块中的房屋都属于一个瓦子，其中吃喝玩乐齐备，包括互不搭界的若干剧场。因相互间有足

够的距离和间隔，所以演出时不会产生干扰。简言之，一个瓦子就相当于一个社区，众安桥下瓦无非是占地最大的一瓦！

昼夜不分地吸引一批批的观众，就要有丰富多样的剧种剧目。先说剧种，据《武林旧事》《梦粱录》记载，约有以下几类：

一、曲艺说唱，如说唱诸宫调、唱赚等，边击鼓或敲打杯盏掌握节拍；讲经（佛经故事）、演史（历史故事）、鼓板、小说、弹唱姻缘（爱情故事）、说诨话（滑稽）、杂扮（学方言以为笑资）、猜谜语等。

二、撮弄杂艺（即杂技），如跳缸弄鬓、踢钟、踢瓶、踢笔墨、弄碗、走索（走

佚名《杂剧卖眼药图》

钢丝)、索上挑水、装神鬼、舞判官、打交棍等；变戏法，如喷火、吞刀剑等。洪迈写到一人空缸变鱼、撮泥为钉，大受地方官欢迎，待为上宾。

三、乐器演奏，"细乐"只用箫、笙、筚篥（管乐）、嵇琴、方响等乐器，"清越动听"。教坊（宫中乐团）大乐则还用大鼓、杖鼓、羯鼓、头管、琵琶等乐器。还有小合奏，如嵇琴与箫，琴与葫芦琴，只要二三人演奏，清韵优雅。

四、傀儡戏（有悬丝傀儡、杖头傀儡和提戏傀儡），表演内容有烟粉（爱情传奇）、灵怪（灵异故事）、铁骑（战斗故事）、公案（破案故事）；皮影戏，表演内容同上。

佚名《杂剧打花鼓图》

五、相扑（摔跤比赛），《武林旧事》开列了四十五名最佳选手的名单，内有撞倒山、赛关索、严铁条、韩铜柱等艺名，令人闻名生怯。还有正式上场前的"女飐（风吹使物颤动）"，实为女子相扑选手的表演。

六、杂剧，以五人一组上场，有简单化装，以念唱为主，而求诙谐滑稽，表演一个完整的故事情节，供人鉴戒。《武林旧事卷十》罗列了"官本杂剧段数（剧目）"，竟达二百八十个。但光看剧名，已极难猜知其具体内容、了解大概了，只有个别人名略有所闻，如负心汉王魁、卓文君和司马相如、遇龙女的裴航、题"人面桃花相映红"的崔护等。还有一则名《卖眼药》，正好与一幅同名宋画对上头。也有抽出二人单独表演，哄观众笑，颇似今之相声。虽然至今无法复制以上种种热闹百年的表演，但宋画和砖雕中保留了众多鲜活生动的形象，使我们能窥知一斑，隐约听到从街后坊巷中传来的丝竹锣鼓之声。

北宋杂剧人物

二五、天街四季

●正月初一元旦，官府免除临安城内外公私三天房租。天街上人人鲜衣美服。来往拜贺，到处游玩，竟日不绝。当官的要去皇宫参加大朝会，立春这天临安府前又有府尹主持迎春牛（泥塑）的活动，祈求风调雨顺，五谷丰登。

●正月十五元宵节，是"天官赐福"之日，社火上街，全民狂欢。

社火一词在以前是个常用词，即民间庆祝元宵节时民众自行化装上街，边走边演的娱乐形式，以求来年祛瘟驱邪、国泰民安。在古代，"社"指土地神，"火"有驱邪崇正的作用。这些表演就是给土地神看的，他高兴了就能保一方平安，所以这个传统非常悠久。

筹备活动在上年冬至就开始了。准备上街的几十支舞队加夜班进行彩排，由官府支付夜餐费和照明费，以体现官府人民至上、与民同乐的美意。别

民间传统木刻彩印年画《门神图》

跳加官　　　　　　　　　　　　　　　　"乔宅眷"田家乐

"携大铜锣，随身步舞"之抱锣舞　　　　　　抱锣舞，二人披红发装鬼

每块2人，均为河南洛宁上村北宋墓浮雕砖上的元宵民间舞蹈　　　　　"掉刀装鬼"

　　山西新绛县金元墓浮雕砖社火舞队，以小锣为导，共10人，内"乔宅眷"二人一组。据山西考古研究所撰文介绍，舞队"大部为儿童装扮"。"乔宅眷"因男扮女装，同一主题的人物与河南洛宁及南宋画中形象基本相同，可见宋文化的影响。此墓建于元至元十六年（1279），即忽必烈称帝的第八年，元军占领杭州的第三年

　　据《梦梁录》《武林旧事》等书记述，南宋元宵民间舞蹈，除"乔宅眷"外，还有"乔诸蛮""乔判官""乔村老"等

　　处的元宵节放假三天，临安因当年钱王认清形势顺天应民，主动纳土归宋，特别增加两天假期，故称五夜。到了十四日，官府加倍支付酒钱，让参演者完成最后的冲刺。十五日夜晚，临安府领导亲自上街坐镇，亲自管控秩序，他们的帐幕按惯例设在市西坊（洋坝头）最热闹之处。天街两侧的店主，也都准备好钱物届时散发给舞队，以为犒赏。上街的舞队终于在天街两侧民众的翘首期盼和满街灯火的映照下，踏歌而来，一边前进一边表演，有动作滑稽的，

有打情骂俏的，有手舞足蹈的，有动作奇险骇目惊心的。舞队有掉刀（驱红发鬼）、鲍老（模仿乡下土老财出洋相）、胡女（扮少数民族美女的多人舞）、乔三教（扮儒释道三人嬉闹）、乔师娘（扮师娘与徒弟调笑）、乔宅眷（扮美女主妇与老仆逗乐调笑）、乔迎酒（扮酒节时造酒师与美女的洋相）、乔亲事（扮迎娶时亲家间的洋相）、田家乐（扮农家二老丰收和美之乐）、划旱船、舞竹马、走高跷扮八仙过海、杵歌（捣衣舞，以上皆集体舞）、鹬蚌相争（扮鹬、蚌和渔翁三人舞）、猫相公戏洞中嘴（扮猫鼠游戏）、跳加官、诸国朝（扮来朝外国使者的多人舞）、扑旗扑刀扑盾牌（扮武士舞旗、刀劈、盾挡的高难度武术表演）、舞狮等等，据《武林旧事》记载，舞队共 70 余，另据今人考证其时已有大头娃娃舞与美女采茶扑蝶舞等。其中如傀儡、杵歌、竹马之类，皆有十余队。有的男扮女装，如扮宅眷主妇者，珠翠丽装，"卒然遇之，不辨真伪"。

边走边舞边唱边作乐的舞队连绵十余里，天街终夕鼓吹不绝，观众耳目皆不暇给。官府又让办事员领班背一大布袋沿路而上，给路边小贩发送纸币，每送必数千文，称为"买市"。游人争观，不见舞队走完不散。以至后半夜有人提灯照路拾遗，光拾女性被挤掉的钗珥（首饰），必有意外之得。谓之"扫街"。十六日夜继续狂欢，十七日才告"收灯"。

一年一度的元宵社火，给杭州历史上留下了浓艳亮丽的一笔，歌吹之声至今震响不绝。而宋画雕塑中留下的种种歌舞形象，更让我们分享了七八百年前京城丰富多彩的社火带来的欢乐。

●二月初一中和节。民间流行用青布袋装满百谷、瓜果种子，互相赠送，祝愿生子。州府自收灯后，按例从点检酒所支取二十万贯纸币，派人招募工匠，修葺西湖南北二山堤亭馆园及所有桥道，漆画一新，种花种草，"以便都人游玩"。

佚名《春游晚归图》

●二月初八，钱塘门外霍山（似在昭庆寺北）广惠庙神诞辰，都人前往献礼祭拜。同时由七宝行（类珠玉珍宝行业协会）在此举办工艺美术品展销会。西湖上龙舟六艘，举行第一次龙舟锦标赛，苏白二堤游人如蚁，街巷为空。

●二月十五日花朝节，都人联袂出游。朝天门外天街之西的天庆观设太上老君（老子）诞辰庆祝大会，点燃万盏华灯，为民祈福。民众拈香行礼，无以数计。

●三月三日，佑圣观（宋孝宗原王府改建）北极佑圣真君圣诞，士庶烧香祈恩。

●清明节前二日为寒食节，第三日即清明，家家折柳条插在门檐上，称为"明眼"。一时满街飘绿，更有少女头插柳条往来街巷，令人惊艳。此日出城扫墓人多，以至车马塞途，事毕纵游，至暮始归，互夸游湖所购种种土宜（土特产）。奢侈而好攀比，是杭州人的秉性。

●三月二十八日东岳大帝诞辰，天街上都是往吴山东岳庙烧香祭神、许愿祈福之人，以及近郊远镇坐船赶来的善男信女，扶老携少，前后相继，络绎不绝。一连数日，无不如此，也成全了天街各种店铺的生意。

●四月上旬车驾去景灵宫行孟夏祭礼，从和宁门外至观桥折西，一路所经之公私租屋一律免三日租金。

●四月八日佛祖释迦牟尼诞日，各寺院皆有浴佛会。西湖断桥东有放生会，都人竞买鱼龟螺蚌放生。

●四月十五日，各佛寺开始"结制"，又称"结夏"，即从此日开始，所有僧人不许外出云游，全部在寺院中念经修行。

●五月五日端午节，街市人家门口各设大盆，植艾蒲葵花，门挂五色果粽。

傅伯星《南宋西湖龙舟图》

街上时有用五彩装饰马尾的王孙贵客，招摇过市。

●六月初六日，西湖南岸显应观神主、东汉县令崔子玉（即泥马渡康王故事中的泥马之主）诞辰，因有大功于宋高宗，是日由朝廷"差天使降香设醮（法会）"，"贵戚士庶"跟着"献香化纸"，更多的人是去那里纳凉避暑，在柳荫中酣睡偷闲。

●七月立秋日，随着宫中太史局（掌天气预测）官员一声"秋来"，次日凌晨，天街处处叫卖楸叶。其叶呈三角状长圆形，与秋同音，故妇女儿童争买剪出花样，"插于鬓边，以应时序"。

●七月七日是七夕节。入夜，全城儿童少女不论贫富，皆穿新衣，在庭院

佚名《浣月图》

浣月意为在月光下洗涤衣物，引申为洗涤心灵，实为七夕乞巧祈福活动之一

夏圭《钱塘秋潮图》

中设香案，望月依次叩拜，再向织女星、牵牛星"乞巧"。

●十五日，佛寺设斋"解制"，即从此僧尼可以自由离开，或云游或返原地，再无拘束。这天还是中元节，即"地官赦罪之辰"，各寺建盂兰盆会，超度亡魂。是夜，宫中内侍奉命到龙山渡（玉皇山南白塔岭下）往钱塘江中放万盏江灯，祭祀江海中的鬼神。记得幼时在家乡，曾于此夜在巷内地上插已燃之香，称"地藏香"，当为同一事之不同形式。

●八月十五日中秋节，夜间月色比平时倍加明亮，故称"月夕"。天街两侧的商户人家，皆于或宽或狭的阳台上摆放宴席，家人团聚，对月纵饮，品赏月饼。陋巷贫寒之家，也解衣当钱，买酒过节，不肯虚度。此夜天街买卖，直到五更，街上趁着月色夜游的青年，徜徉于市，至晓不绝。

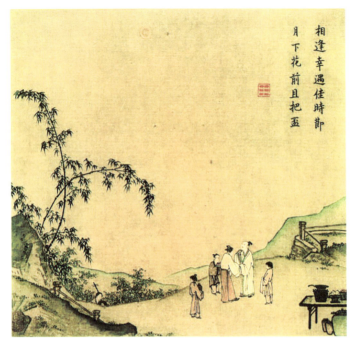

相逢幸遇佳時節
月下花前且把盃

马远《月下把杯图》

●八月十六日，都人倾城而出，到跨浦桥（约今钱江四桥处）至六和塔一带江岸，观看天下独有的钱江大潮，而以十八日最盛，以至这一带的楼屋统统事先被贵戚豪邸租下，成了"潮景房"。从唐代白居易到南宋的无数诗人写了无数观潮诗，来赞颂大自然赐给杭州独有的奇观。

●九月初九日重阳节，天街食店都卖"重阳糕"。以猪羊肉丝、鸭肉丝铺在糕面，插上小彩旗，蒸熟售卖。

●十月初三日，都人出城扫墓祭祖。立冬后如降瑞雪，朝廷下发"雪寒钱"二十万纸币，用以赐给驻军和居民，颇似今之社会福利。并免除租房钱十分之五七，以示格外抚恤。

●十一月仲冬，已至小雪、大雪节气。

●十二月八日，寺院称为"腊八"，熬制五味腊八粥，馈送施主与贵宅，相沿至今，五味已有变化。

●二十四日，不论贫富，家家祭灶神。天街两侧叫卖五色米、花果、胶牙糖、萁豆，叫声鼎沸。入夜，家家用灯照床下，称为"照虚耗"，似提醒家人下年减损保值。

●二十五日，家家煮赤豆粥祭食神，名为"人口粥"，亦喂猫犬，不知出于何典。坊巷贫者，三五人一队，扮作神鬼、钟馗、判官、小妹等敲锣打鼓，沿门乞钱，称为"打野胡"，也含驱傩（邪气化身）之意。到了除夕，不论贫富，家家大扫除，换门神，贴春联，供香迎神祭祖，一家人忙到吃罢年夜饭，门外爆竹声如雷震，屋内灯烛映照，围炉谈笑歌吟，小儿绕膝追逐，讨要糖果，谓之"守岁"。

苏汉臣《杂技戏孩图》

苏汉臣《五瑞图》局部

　　图中表现的是驱逐疫鬼的仪式。大傩，"逐尽阴气为阳导也，今人腊岁前一日击鼓驱疫，谓之逐除是也"

　　《梦粱录》卷六《除夕》云，"禁中除夜呈大驱傩仪"，由皇城司诸班直"戴面具，着绣画杂色衣装，手执金枪银戟、画木刀剑、五色龙凤、五色旗帜"又"以教乐所伶工装将军、符使、判官、钟馗"等神，"自禁中动鼓吹，驱祟出"皇城，至"埋祟而散"。

　　傩仪式，实质上是一种逐疫求祥的民间化装集体舞。全图共12人，脸上画黑点勾线，身挂蛇虫龟蟾，手执扫帚棒槌等物，伴着鼓声，跳跃作舞

二六、天街名店

　　南宋从绍兴八年（1138）正式定都临安，到宋理宗淳祐末年（1252），已有一百一十四年历史，在天街及两侧积下了一百多家百年名老店铺（不包括各大酒楼）。《梦粱录》开列的名单照录如下：

　　猫儿桥魏大刀熟肉、潘节干熟药铺、洋坝头榜亭旁安抚司惠民坊熟药局、市西坊南和剂惠民药局、局前沈家金银交引铺、张家金银交引铺、刘家彩帛铺、吕家彩帛铺、陈家彩帛铺、舒家纸扎铺。五间楼前周五郎蜜饯铺、童家柏烛铺、张家生药铺、狮子巷口徐家纸扎铺、凌家刷牙铺、观复丹室。保佑坊前孔家头巾铺、张家食面店、张官人诸史子文籍铺、讷庵丹砂熟药铺、俞家七宝铺、张家元子铺。中瓦子前徐茂子扇子铺、陈直翁药铺、梁逍遥实药铺、张家豆儿水铺、钱家干果铺。巾子巷口陈花脚面食店、傅官人刷牙铺、杨将领药铺。市南坊沈家白衣铺、徐官人幞头铺、钮家腰带铺。市西坊北钮家彩帛铺、张家铁器铺。修义坊北张古老胭脂铺、三不欺药铺。水巷口戚百乙郎颜色铺、徐家绒线铺、阮家京果铺、俞家冠子铺。官巷前仁爱堂熟药铺、官巷北金药臼楼太丞药铺、胡家粉心铺、冯家粉心铺、染红王家胭脂铺、淮岭倾锡铺。清河坊顾家彩帛铺、蒋检阅茶汤铺。升阳宫前仲家光牌铺、季家云梯丝鞋铺。太平坊南倪家面食铺、太平坊大街东南蛤蟆眼酒店。南瓦子北卓道王卖面店。棚桥前菜面店。熙春楼下双条儿划子店。抱剑营街吴家香烛裹头铺、夏家香烛裹头铺、李家丝鞋铺、许家槐简铺。沙皮巷孔八郎头巾铺、陈家绦结铺。外沙皮巷口双

仇英《清明上河图》

仇英《清明上河图》画的是明代苏州的街景，砖砌的墙面已蔚然成风，比北宋汴京的民用建筑外观更加整齐

葫芦眼药铺。朝天门戴家肉铺。朝天门里大石板朱家裱褙铺、朱家元子糖蜜糕铺。太庙前尹家文字铺、陈妈妈泥面具风药铺。大佛寺疟药铺、保和大师乌梅药铺。三桥街毛家生药铺、柴家绒线铺、姚家海鲜铺。坝头榜亭侧朱家馒头铺。石榴园倪家犯鲊铺、张省干金马杓小儿药铺。三桥河下杨三郎头巾铺、清湖河下戚家犀皮铺。里仁坊口游家漆铺、李博士桥邓家金银铺、汪家金纸铺。炭桥河下青篦扇子铺。水巷桥河下针铺、彭家温州漆器铺。盐桥河下生帛铺、郭产医药铺、住大树下橘园亭文籍书房。平津桥沿河布帛铺、黄草铺、温州漆器青白瓷器铺。铁线巷笼子铺、生绢一红铺。荐桥新开巷元子铺。官巷内飞家牙梳铺、齐家花朵铺、归家花朵铺、盛宴珠子铺、刘家翠铺、马家领抹销金铺、宋家领抹销金铺、沈家枕冠铺。小市里舒家体真头面铺、周家折叠扇铺、陈家画团扇铺。漆器墙下李官人双行解毒丸。共一百零六家，其中食品类二十家，医药类十五家，衣冠服饰面料类二十三家，文化书画类七家，其他皆为零星物品店家不计。

为便了解，有的店物名简介如下：1. 柏烛，乌桕籽油制成的蜡烛。2. 豆儿水，豆浆。3. 绦结，用丝线编成花边或扁平的有图案的带子，用于衣服沿边或腰带。4. 犯鲊即肉干鱼干。5. 牙梳，用象牙做成的梳子或用牛角打磨制成的仿制品。6. 枕冠，男子睡觉时戴的束发冠，材质高下不同。7. 金纸，可能洒金纸或金箔。8. 槐简，指槐木制成的朝笏。9. 体真头面铺，据南宋洪迈《夷坚志》载，北宋末期就有妇科医家用穿真衣等身女人木偶作门前广告，因此

估计此店可能同样以制作"体真头面"人偶为业。10. 小市里，指南天街西侧吴山庙巷底，有小坝头之称故名。11. 光牌铺，做店内外各种招牌底板的店铺。11. 刬，同铲，刬子铺即专卖铲子的店。

把这些百年老店名店推上经济橱窗前沿、百年不败的，是遍布临安各处分工精细的"团行"。如城西花团、泥路青果团、后市街柑子团，浑水闸鲞团；官巷方梳行、销金行、冠子行、坝子桥鲜鱼行、城东蟹行、菱行、北猪行、候潮门外南猪行、鸡鸭行等等，在天街有炭桥药市、官巷花市、融和坊市南坊的珠子市、修义坊肉市、棚桥书市、盐桥的生帛，亨桥五间楼旁集中了泉州的糖蜜、荔枝龙眼……为相关店商提供着最便捷优质的产品。而分工精细的"作分"如碾玉作、钻卷作、腰带作、金银打钑作、铺翠作、裱褙作、装銮作、裁缝作等，集中了天下最优秀的工匠，保证着他们的产品无不具有超一流的水准，所以官巷市场上销售的首饰花朵、七宝珠翠、锦绣罗帛与冠梳、插画领抹、销金衣裙，以及闺房观赏品奇异飞鸾走凤，无不精丽若天工，无与伦比，令人赞叹不绝。

二七、天街作坊

《武林旧事》专有一节名"小经纪"，意为小本经营，从业人少，销售、服务范围也零碎不多。翻译成现代语，发现"微企"即微小企业，还是较为恰当的。

这临安"微企"，作者自注是"他处所无"的，列入名单的共 171 项，还补充说："若夫儿戏之物，名件甚多，尤不可悉数，如相银杏、猜糖、吹叫儿、打娇惜、千千车、轮盘儿，每事率（大约）数十人，各专藉以为衣食之地，皆他处之所无也。"

细看这 171 种"微企"，可分以下 11 类。

1. 为工作提供的服务：班朝录（官员上朝排班次序目录）、供朝报（提供历来发行的朝廷内部通讯）、选官图（疑为官员选调升迁岗位的参考书）、诸色科名（疑为参加各种会试必备知识参考书）、诸色指挥（疑为各官署及其他办事机构和私邸临时性招募的领班就业情况汇编）。

2. 具体物件：交床试篮（会试时考生自备的折叠椅与盛放文具的多层竹篮，经入门检查无违允许携入考场）；卖字本、掌记册儿（笔记本）、诸般簿子、诸色经文（疑含佛经在内的各种经典语录），刀册儿（论刀卖的空白册子）。

3. 乐器加工和演技训练：缠令（练习急口令的话本）、耍令（类似急转弯语言练习本）、（制售）琴阮弦、开笛、觱笙、鞔鼓（把鼓皮蒙到鼓面拉紧至定位）、口簧（安装在乐器中振动发声的薄片）。

4. 文房杂用具：纸画儿、印色盝（印泥盒）、剪子、胶纸、裁板尺，诸般盝儿（各色纸盒）、（浆）糊刷，以上皆为制售品。

5. 室内外用具：屋头挂屏、提灯、触灯（灯笼表面写有字号的提灯）、拄杖、钓钩、钓竿（不是钓鱼竿，旧时屋内从梁上挂下钓竿，以钩住竹篮等盛具）、拂子（掸帚）、食罩（竹丝编的菜罩）、蒲坐（蒲团坐垫）、椅褥（椅上从靠背到椅脚的布盖）、烘篮（内装炭的特制竹篮，冬季随身取暖器）、鞋楦（削木成足形塞入空鞋，使定型不变）、桶钵等。

6. 器物日常修理：修皮鞋、穿交椅（折叠椅的绳编凳面）、鞋结底、穿珠、穿罳罳（绢底竹筐的筛罗）、洗翠（翠是小鸟身上的青绿色羽毛，可取下制成首饰配件，故此系高难度技术活）、修冠子、染梳儿、接补梳儿、姜擦子、磨镜、札熨斗、纸刷儿（剔除刷子中的堵塞秽积）、箍桶、补锅子、修扇子、修竹器、竹猫儿（竹枕）、席草、灯草、油纸、磨刀剪、接绦（带）、出洗衣服等。

7. 重体力修理：整漏、泥灶（打

《清明上河图》中一家木匠店前伙计正在修车轮

太丞是太医院的主任医师，他在家中自开诊所，门内外竖挂着大小广告牌，宣传他的医术高明

明代仇英《清明上河图》中正在
盖瓦架盆的工匠

明代仇英《清明上河图》中一家
忙碌的染坊

灶头）、舂米、劈柴、淘井、淘灰土、淘河等。

8. 家用药物：稳步膏、手皴药、凉药、香药、膏药、蚊烟、老鼠药等。

9. 健身器物类：弩、弩弦、弹弓、箭翎、射帖（印有靶心的纸）、风筝、壶筹（投壶比赛用的薄竹木片制成的箭状筹码）、鹁鸪铃、鞭子、象棋及棋盘棋子等。

10. 宠物类：卖猫几、改猫犬（阉猫犬）、供猫鱼、供鸡食、供鱼食、供虫蚁食、卖蟋蟀、卖蝌蚪、卖知了、卖虫蚁笼、卖蟋蟀盆、马扎儿（皮匠凳）等。

11. 其他如荷叶、茶花子、发烛、肥皂团、圪伯纸（疑即锡箔纸）、竹钉，卖烟火等。

这些"小经记"中的每一物，既是制售者数十人家的饭碗，可保一家人的衣食之资，也是京城生活常年丰富活跃的不可缺的基石之一，填坑补缺，主动积极，创造了服务业顾客至上的全新样式和特色，值得今人思之。

二八、天街三学

　　临安集中了天下的高等学校，有太学（综合文科）、武学（军事学院）、宗学（皇族子弟学校）、府学（市属高校）、医学（医学院），另有画学、算学，但无具体地点。其中坐落在天街两侧的高校有两座，即宗学和医学。各校的具体办学情况如下：

　　先说太学，因为南宋所有官办学校的学制学规与人员配置，皆以太学为标准，不可不先了解。太学由岳飞故宅改建而成，西有大成殿，供奉"至圣文宣王"孔子，以及陪他接受后人祭祀的十位先哲。殿左右两庑（半边廊）彩绘72贤人像，前朝贤士公卿诸像也"皆从祀"。学官（有官阶的教职人员）为祭酒（校长）、司业（教务长）、丞、簿、正、录等共十四五人。生员自习室有二十斋，各有斋名斋匾。学制五年，外舍生、内舍生各两年，上舍生（毕业班）一年。生员统一校服，黑幞头白衣（被民众讥为米虫）。朝廷提供学食费，"日供饮膳，为礼甚丰"，但制度也严，月书季考，逐级上升，由外及内再升上舍。毕业成绩前三即"释褐及第"（意谓脱去平民之服进士及第），或免去省试（地方试、会试），直接参加殿试，入仕授官，这是求读其他高校的通例。武学在太学东侧，从略。

　　宗学在睦亲坊，这个坊就是在皇族集中居住区，管理严格，不许皇族成员与外界密切来往，出入都要登记，内设宫学，专教皇族子弟。宋宁宗后期改宫学为宗学，凡有宗谱可查者三年一试，及格补入宗学，再按太学成法逐级上升。属宗正寺掌握。校内也有大成殿、御书阁、明伦堂等三堂,斋舍六间,必须住校。南宋由县学升太学,都有限额,宗学的设置,可免除对平民升学名额的挤占。

医学在朝天门外通江桥之东北的太医局,内有一殿,曰"神应",供奉医师神应王、先秦名医扁鹊(本名姬越人),以岐伯善济公(上古医学家、华夏中医始祖)为配祀。讲堂匾曰"正纪"。朝廷派御诊长(主治医师)摄校长职,医官四人为教授,生员二百五十人,有斋舍八间。学费膳食,丰厚不薄。月季教课,校规严肃,出入如太学生统一衣帽。

另记载有算学、画学,但无地址可查,从略。

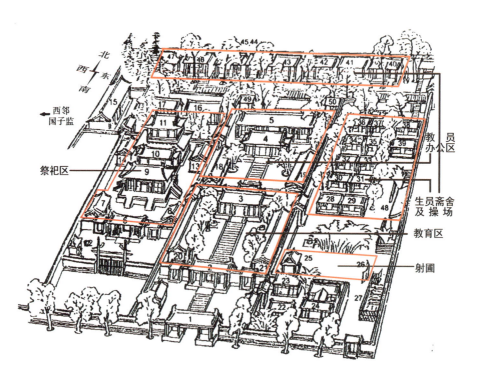

绍兴十三年(1143)用杭州岳飞故宅改建的南宋太学立面图。此图据古图画成,位置未变,仅加树。其中竹、槐、井,图中均以字注明方位,故极可信

二九、天街十市

天街南北集中了京城人气最旺的市场，熙熙攘攘，繁盛百余年。今概括为十市，其详如下：

一、官巷花市

每天一早的花市并不只是售卖四时鲜花和盆景。这些鲜花和盆景大都来自余杭门外的马塍。花农们一早装船出门，五更余杭水门一打开，就沿着市河自北而南，到炭桥旁石埠上岸，赶到官巷把花担一字排开，花瓣上还滴着露珠。城里的少妇小姐在老婢侍女陪伴下赶来逛花市，除了买花，买几盆装点闺房的精巧小盆景，更重要的是去逛巷内方梳行、销金行、冠子行开的时装首饰专卖店，挑选描画领抹、雕花冠梳、销金衣裙、镶珠嵌玉的发钗发簪，"极其工巧，前所罕有"。

李嵩《花篮图》春

李嵩《花篮图》夏

李嵩《花篮图》冬

对于南宋妇女服饰的精美雅妍一直缺乏直观的感性认识，1975年在福州发现的南宋宗室少妇黄升墓出土了成件套的服饰与丝织品共354件，织物品种有罗、绫、绮、绢、纱、绉纱、缎等7种，成衣包括内外衣裙、衫、裤等一应款式，织品纹样除平素外，大多为大小提花的折枝花卉纹和少量动物纹样。令人吃惊的是，对襟缘边花边的工艺中使用最多的竟是工笔彩画，或凸刻印花彩绘，或泥金印花填彩，证实了记载中的"彩画衣领""绣画领襟"的真实存在，并不是形容词，也证实了南宋这一工艺的超高水准，正是不枉了当年贵妇名媛们赶早来逛花市的一番苦心。

二、灵椒肉市

修义坊（又名灵椒巷），在清代改称三元坊，就在今中山中路开元路口银行之处，南宋时这里是城中最大的肉市。巷内两边都是屠宰之家，"每日不下宰数百口（猪）"，分成半片（完整的半边猪身）及头蹄等肉。从三更（今半夜11点到次日1点）开门上市，至天色大亮，货已全部售出下市关门了。赶来买肉的，都是城内外事先订好数量的面店、酒店、分茶店、咸肉店以及上街盘卖熟肉的摊贩。他们一到，好似风卷残云一般，很快把肉架上、肉案上挂着摊着的猪肉、猪头、猪蹄以及案下分好的内脏下脚，顷刻收拾一空。

京城中肉店不可胜数，大多从肉市批来，使用的刀具崭新锃亮。店铺里每天悬挂成片的猪肉，不下十余片。遇到冬至、春节，每天要卖掉几十片。肉案前五六个操刀人，听主顾需要，砍肉剔骨，各有名目，如细抹落索儿精、彻丁头肉、条撺精、臇肉、盦蔗肉等，骨头有双条骨、三层骨、浮肋骨、寸金骨、蹄子等等，有的名词现已极为陌生，猜不透究竟指什么？到午饭前，所有的肉已售空。

一到中午，各肉店开始出卖熬或炸的熟肉，杂熬蹄爪什件儿、红白熬肉，以及肉干鱼干，名目多而不知所云，如影戏、算条、皂角、铤松、方条等，不知今天从事这一行当的人还能解说明白否？

三、棚桥书市

《武林旧事》在"诸市"一节中罗列了 15 个市或团行的名号，排名最后的是"橘园亭书房"，以"临安府棚北大街睦亲坊南陈宅书籍铺刊行"为名的书市，在中国刻书史、中国文学史、中国文化史上，享有独特的地位。

棚北大街约从市河棚桥稍北穿过天街，向西延伸至清湖河马家桥，街北即睦亲坊，在桥侧市河岸上有一座橘园亭，故又名橘园亭书房。棚北大街两边都是书店，这里正是太学、武学、宗学三大高校生员来去最便捷的地段。三年一次全国会试前蜂拥而至的各地考生，大多都租住在观桥贡院（主考场）附近，给棚北书市带来了川流不息的读者和顾客，促成了百年兴盛。

书市中最受文人推崇的，就是陈宅书籍铺的店主陈起，字宗之，号芸居，自称陈道人，钱塘人。宋宁宗时乡试（两浙路地方试）第一名，故称陈解元。但他不恋功名，在睦亲坊开店卖书，奉养母亲。他家芸居楼就在河边，"门对官河水，檐依柳树荫"（赵师秀诗），郑斯立《赠陈宗之》长诗云："人皆掉臂过，我自刮目看。百年适志耳，岂必身为官？不见林和靖，清名载孤山。"陈起能诗且虚心好学，获得文学界诗界名流刘克庄、叶绍翁等人的尊重和支持，他不只卖书藏书，经手流通的古籍数以万计，还从事图书的编著和出版发行，其刻刊之书，刻技精湛，字体俊丽，工料上乘，为坊刻（民间作坊所刻）精品，与福建建安余氏合称宋代刻书两大家。

其子陈思，号陈小道人，继承父业，注力于刊刻唐宋诗人诗集。几十年间，

棚桥书市陈宅书籍铺刊印的书页

父子二人刊刻的唐宋诗集、话本、画史论著，数以万计，主要有：《宋孔平仲〈续世说〉》12 卷，《汉刘熙释名》8 卷，《宋释文莹〈湘山野录〉》3 卷、续 1卷，《宋郭若虚〈图画闻见录〉》6 卷，《宋邓椿〈画继〉》5 卷，《无撰〈灯下闲谈〉》2 卷，《唐韦苏州（即韦应物）集》10 卷，《唐求诗》1 卷，《刘过〈龙洲集〉》1 卷，《唐季群玉诗》等，共 20 余部唐人诗集，又出资收购当代百余家诗文，编为《江湖前集》《江湖后集》《江湖续集》《江湖中兴集》4种。其著有《芸居乙稿》。

宋理宗宝庆初年（1225），宰相、权臣史弥远指责《江湖集》诽谤朝臣，兴大狱，陈起等人被罪流放管制，史死陈归，重操旧业。陈起父子为保存唐宋诗文集奋力终身，是宋代十大刻书家之一。

凡父子刻刊之书，多在书后标有"临安府棚北大街睦亲坊南陈宅书籍铺刊印"商标。当京城其他兴盛百年的行市在历史长河中沉没之际，只有陈宅书籍铺代表着南宋文化一枝独秀，在中国文化史上独具尊位，真品留存至今者，为人所重，视为瑰宝。

四、融和金银钞引市

融和坊至市南坊（今惠民路），称为珠子市，往北再到五间楼（官巷南），是南宋京城中的金融中心，据南宋灌园耐得翁《都城纪胜·铺席》记载，街"两行多是上户金银钞引交易铺，仅百余家。门列金银及现钱。现钱备纳算清钞引……如遇买卖，动以万数"。

钞引之义前已说及，若想从事茶盐买卖，必须事先向朝廷提出申请，核准后由朝廷专管部门按价发给茶盐钞引，拿了钞引才能到茶盐市场购买钞引规定限量的物品，再拿了实物到本地或外地去出售，由于售价与买钞引的钱存在着巨大的差距，所以茶盐引就是南宋的有价证券。不少人拿到茶盐引后并不去采购实物，而到金银钞引交易铺出售，换取现金。如不要成捆的纸币，可以当场让铺中坐等顾客的金银匠把纸币折算成金银或打造成金银器。交易铺收了这批钞引可加价卖给真正需要的商人，再赚一笔，所以动以万计。同时这一带还有府第富宅开办的十多家质库（当铺），不收不满一万贯钱的抵押物品，可知暴利之巨。

钞引在南宋是尽人皆知的名词，到了元明，时违事远，以茶盐引为地名的当地人早已忘了它的词义，反而生出不可晓的尴尬，就以谐音改草鞋岭，久之又嫌不雅，再改为彩霞岭，即今之彩霞岭社区。当年除了茶盐引监，这里还有榷货务、杂买场等朝廷的业务机关。

五、天街米市

《梦粱录》有"米铺"一节，说"京城内外不下数十万户，百十万口，每日街市食米，除府第、官舍、宅舍、富室及诸司有该俸人外，细民所食每日城内外不下一二千石"。诸司有该俸人，指的是各部门各单位有薪水的人，这部分人自有领米粮的地方，细民则要自己买米，故常言道民以食为天。

京城所需的大米，来自苏州、湖州、常州、秀州（嘉兴），以及淮南、广东等。

京城北郊湖墅的米市桥、黑桥一带，岸上都是米行，专门接纳来自上述地区的大米，并按质量分出等级，如早米、晚米、新破砻、冬春、上色白米、中色白米、红莲子、黄芒、粳米、糯米等十七种。另新开门（今之望江门）外草桥下也有米市，米铺有三四十家。

城内的米店，每家专凭行头（米行协会会长）定价，直接发米到各铺出卖。铺家约定日子，支付米钱，由米行中的伙计亲自到各铺按货款发米，由常年雇用的米船载米往来。扛米袋的脚夫，也有头领分管，米船主也认准了自己的顾主和一帮脚夫，所以尽管米市搬运时人员混杂也不会搞错，"从无争差"。城内天街需要大米的店家商号，就这样"不劳余力而米径自到铺矣"。《梦粱录·铺席》最后说："其余坊巷桥道，院落纵横，城内为数十万户口，莫知其数。处处各有茶坊、酒肆、面店、果子、彩帛、绒线、香炉、油酱、食米、下饭鱼肉鲞腊等铺。盖经纪（经商）市井之家，往往多于店舍，旋买见（现）成饮食，此为快便耳。"说明城内虽有米店，但未成市，因为做生意的人家多，大家习惯了叫外卖，自己烧饭的反而少了，所以米市只在城外。

六、里仁虫市

每到秋风送爽，杭城就出现了扎堆儿玩蟋蟀（又名促织，俗名蛐蛐儿）

的热闹场景，尤以天街中段里仁坊老花鸟市场一带为最，玩者观者比肩接踵，一拨又一拨。从电视看，近年斗蟋蟀比赛越发高级、正规，俨若某项大赛。南宋佚名《西湖老人繁胜录》中还有更详细的记载："促织盛出，都民（都城居民）好养，或用银丝为笼，或作楼台为笼，或黑退光笼，或瓦盆竹笼，或金漆笼，板笼甚多。每日早晨，多于官巷南北作市，常有三五十伙斗者。乡民争捉入城货卖，斗赢三两个，便望卖一两贯钱。若生得大，更会斗，便有一两银卖。每日如此。九月尽，天寒方休。"

宋代一贯铜钱为一千文，等于一两银子，其购买力相当于现今一万元。没想到的是，今天斗蟋蟀最集中的地方，仍然是南宋时官巷以北的里仁坊，风情依旧，八百多年了，爱好的人、爱好的物、集中的地点都不变，真是传统悠久。据友人告，现在最厉害的"虫儿"（爱好者对蟋蟀的爱称）已不是本地货的天下，而是山东的"虫儿"。每年一到这个季节，都会有人前往山东采购，然后运到杭州"出货"，稳赚！言之有不胜羡慕之意。

小小的蟋蟀，给爱好者们带来了一年一度的喜爱和激动，却不料给词苑带来了一首佳作，即南宋中期姜夔的词《齐天乐·蟋蟀》。词前有序云：丙辰岁庆元二年（1196）与张功父（即张镃）会饮张达可之堂，闻屋壁间蟋蟀有声，功父约予同赋，以授歌者。功父先成，辞甚美。予裴回茉莉花间，仰见秋月，顿起幽思，寻亦得之。蟋蟀，中都呼为促织，善斗，好事者或以三二十万钱致一枚，镂象齿为楼观贮以之。

词如下：

庾郎先再吟愁赋，凄凄更闻私语。露湿铜铺，苔侵石井，都是曾听伊处。哀音如诉。正思妇无眠，起寻机杼。曲曲屏山，夜凉独自甚情绪！　　西窗又吹暗雨。为谁频断续，相和砧杵。候馆迎秋，离宫吊月，别有伤心无数。幽诗漫与。笑篱落呼灯，世间儿女。写入琴丝，声声更苦。

蟋蟀带给爱好者们无穷的乐趣，也带给文学爱好者意外的惊喜。

七、十里灯市

据《西湖老人繁胜录》载，元宵节前有"预赏"，意谓正式观赏前的事先观赏，赏的内容之一是各种舞蹈，大多为女童先上街表演，以引发人们更大的观赏欲。二是天街中瓦与南北所有茶坊内已经悬挂各式彩灯，正好先睹为快。如琉璃栅子灯，灯上有伞状顶盖，盖角垂下琉璃珠串，如栅状，各种巧作灯、福州灯、平江（苏州）玉栅灯、珠子灯是用珠子编成的灯，罗帛万眼灯是灯面刺出无数细孔，由此组成需要的图案，灯亮有奇效。街上叫卖的尤多纸做的灯笼。从清河坊到众安桥，有耍戏灯、骑马灯、擎槌架儿灯（组灯下有架，架下有棒，人可擎而行）、鱼灯造型如真鱼、一把莲蓬灯、海鲜灯、火铁灯、人物满堂红灯是灯面上画满人物，堪称灯火盈市。

《武林旧事卷》有"灯品"一节专说其事，说彩灯以"苏（州）福（州）为冠，新安（今皖南）晚出，精妙绝伦"。其中的无骨灯，"浑然玻璃球也"，"前无其比"。又有魫灯，刻镂金箔玳瑁作装饰；圆形珠子灯以五色珠子编成网为外罩，灯下垂流苏，或灯下再悬一多面灯，灯面绘龙船、凤辇、楼台故事；羊皮灯镟镂精巧，敷以五彩，灯面绘人物，望如皮影戏；罗帛灯种类特多，或以针刺眼为百花，间以红白色，号称"万眼罗"，可称一奇。还有用五色蜡纸剪绘而成的双层走马灯，里层的骑马人物旋转如飞；另有绢面诗词灯、画人物灯、谜语灯等。据说某贵邸曾创新制成一灯，以细竹丝编穿成形，加以彩绘，"疏明可爱"，引起宋理宗的喜爱，"令制百盏"云云。

《西湖老人繁胜录》说，宋宁宗庆元年间（1195—1200）油线每斤不过一百会（纸币一百文）。巷陌爪札（装束彩灯）、欢门挂灯，南至龙山（玉皇山），北至北新桥，四十里灯光不绝。城内外有百万人家，"前街后巷，僻巷亦然……你我相赛"，写出了八百多年前杭州亮灯的盛况，令人神往。除节日彩灯，宋诗文中还出现了若干灯的新名词，如书灯（类台灯）、壁灯、触灯（灯面写字号的灯）、行灯（手提灯）、立柱灯烛，以及《清明上河图》中的广告灯箱等，灯的形状也大增，长方圆竖扁多边皆有，灯面多有字画。据专家考证宋画中有的就是灯面画。生活实用灯的多种类型，反映了宋代实用技术的发展。

节日彩灯的奇思妙构，使辛弃疾写下了有名的《青玉案·元夕》词，上半阕云："东风夜放花千树。更吹落、星如雨。宝马雕车香满路。凤箫声动，玉壶光转，一夜鱼龙舞……"花千树、星如雨、鱼龙舞，都是形容灯之多之密及其形态，如花，如星，如鱼，如龙，有动感，是绽放，是落雨，是起舞，把声光色写得如在身前。

南宋李嵩《观灯图》中数种彩灯是最好的实证，图中最令人惊艳的就是这盏六角伞盖下叠加的三灯各臻至

李嵩《观灯图》

妙。上灯二十四面画二十四孝图，中灯面小院刺出四时折枝花卉图案，下灯为走马灯旋转不停。盖上六角垂六宽带，上画菩萨小像，带尾如燕尾，作分叉如意头。为重心稳定，灯下连缀三个不同形状的镀银重坠，最末一个为小佛摩诃罗像，目测其高为两米多，如能按此复制一灯，全城增辉。

八、天街早市

四更刚过，全城还宿雾弥漫。报晓和尚开始走上街头巷尾，一边敲打绑在腰间的木鱼发出梆梆梆的响声，一面大声喊道："今日天晴！"或"今日有雨"等预报天气，又喊："今日六参（一月六次参见皇帝）！"或"今日四参（一月四次参见皇帝）！"这都是侍从官（六部副部长）以上的官员才有的待遇。只有喊"今日两参"才是所有京官（临安府所属各部门的官员）、朝官（朝廷所属各部门的官员）都必须参加的大朝会，即初一（朔）、十五（望）共两次。有关的官员和轿夫（规定上朝乘轿）以及所有随从人员，闻声即起，洗漱更衣，列队出发，提灯前导，从四面八方奔向凤凰山皇城。

与此同时，翻身起床的还有：各酒楼食店茶坊赶做早点早茶的伙计和提篮挑担沿途叫卖馒头肉包糕团的小贩，还有只卖热水，供早行人洗脸醒脑提神；更有河道里等待五更开了水城门出城的船家，赶紧生火煮饭……宿雾随天色转亮次第消散，到处炊烟袅袅，人声渐起，朝霞渐露。

天街上做早生意的大小店铺卸下了排门，摆出了各式早点、时令茶汤。卖茶的小贩提着内装小炭炉的竹篮最先上街揽客，这是宋代行人或路遇时交际最方便而不贵的手势：先敬对方一杯香茶，比如现在的敬烟。固定区域的小贩，还承接替人送达书信小件礼物的业务。《夷坚志》中就有这种例子，给暗恋的女人送信送果盘等。名大酒楼食店茶坊的后院，伙计开始忙碌，女工们开

《美食天堂盛景图》局部

始淘米洗菜，抹擦餐具器物，务必锃亮可鉴光影无一点积秽。店堂前招呼着越来越多的喝早茶的客人，售卖民办"小报"的开始在人群中穿行。当时已有这一专用名词，以别于官办的邸报。"小报"内容新奇丰富，分三大新闻热点：一为"内探"，即从皇宫内探得的消息；二为"省探"，即从总理衙门探得的内部消息；三为"京探"，即为临安府的内部消息。

进奏院编发的邸报只是朝廷的内部通讯，哪有"小报"生动有趣抓人眼球，堪称全球纸媒的先驱，可惜没有任何实物传世！

早茶时间某茶坊颇似定时的劳动中介所。外来打工者先到这里候见"行头"（颇似行业协会会长），接受他的问询，然后听他介绍用工的官舍府第和作坊楼店，接着分派工作，讲好工作性质、工期、报酬等事情，与东家签好协议，然后被人领走。即便官府征集工匠，也要事先签就合同，照章办事。

等一份小报角角落落全部看完，街上的人更多了。街头巷尾固定的摊位已经开张，其中各处都有测字算命的，一把大阳伞下一桌一椅只等顾客前来落座。

炭桥旁的诸投巷，是全城唯一可以免税设摊的小物件买卖市场，颇似外国的跳蚤市场，这时已经人头攒动，来迟的已经找不到好摊位了。因其卖主从各地而来，故名诸投巷，后人不解，改成枝头巷，沿用至今，位置在今棚桥菜场附近。

到现在八点钟光景，下朝的车（即轿）马开始回家，闹得天街多处人车壅塞，就此形成了第一拨人潮。等这一拨消停，市声稍稍回落，就可以听到坊巷中学童们的琅琅读书声了。那时一二条坊巷必有一座书塾，可见教育的普及。商业虽极其发达，有趣的是却没有一处百货商店。负责日用百货物品收购和销售的，只有挑或拉的货郎担和独轮车。这时他们开始上街"盘卖"，即在相对固定的地区不停地兜着圈子寻找顾客。找的方法就是"歌叫"，像唱歌一般吆喝，或同时摇晃着摇鼓、响铃，吸引顾客。卖不同的货物有不同的"歌叫"，使人闻声即知。"深巷明朝卖杏花"，陆游在小楼上怎么知道巷子里是卖杏花呢？就因为卖花人的"歌叫"。

货郎担的货物琳琅满目，货担货车装扮得五彩缤纷，走街串巷最引儿童、妇女围观，因此成为南宋画家如李嵩、苏汉臣的喜爱，有多幅传世之作。我曾用单线临过李的货担，数了一下竟有一百多种商品，大如棋盘、灶具、灯具，小如各种玩具。

等到午前稍稍平静一段时间，天街再次热闹起来。休整好的士大夫们开始邀朋呼友带着三四随从，或骑或乘，上街寻找小聚佳处。大酒楼门口的迎宾已经目不转睛地盯着远来的豪客，四周的邻居靠向饮客献香茶赚点小钱的老妇少女，已经准备好杯盘兀自迎上前去……天街每天上演的人间大戏将正式拉开大幕。

九、天街夜市

中国古代只有宋代不设宵禁而有夜市。唐代长安只在正月头三天不设宵禁，算是给百姓莫大的恩德了。元代不但禁人夜出，夜里谁家点灯被巡查发现还要问罪。明清在晚清西风东渐之前，也未见有夜市的记载，电视剧中的有关镜头是不可轻信的。

南宋临安夜市，是全城乃至全国、全球最热闹精彩的场所。《清明上河图》大酒楼前"欢门"（彩牌楼）上装满了各式灯球（圆形灯）。檐下四根立柱，最边的一对有形如细颈阔腹多棱花蕊，其实也是灯，可见蜡烛极长，小口有利防风，延长点燃的时间。左右二柱间的木栅之内，是一对长方形的如意边框直杆立地灯，灯面有字，属于最概括的广告语，如"正店"。告诉你这是设有酿酒权的官营酒楼。另一位于虹桥下"十千脚店"（分店，或兼住宿）的欢门内，二柱上也各有一长形贴柱灯，上写"天之""美禄"，堪称中国最古老的灯箱广告。这种装饰因曾受到宋太祖的赞赏，被一直保留下来，南宋前百年也当如此。除了酒楼，几乎所有临街的店铺门前都有或繁或简的竹木架子，横杆上可以悬挂写有店名铺号的横幅，也可以悬挂大小灯球。而天街从众安桥往南到朝天门，酒楼食店茶坊几乎楼台相望，或对街相峙，所以一到晚上，灯烛齐明，灿如白昼，真可谓十里光彩世界，银河落地。这样灿烂的景象，是七八百年前全世界独一无二的美丽夜景。

酒楼食店茶坊是夜市最聚人气之处，几十种美酒，几百种佳肴，被"大伯"（店小二）轮流端上桌来。"稳便阁子"（包厢）里所有餐具都是精美的银器，冬有暖盆，即包银的雕花炭盆；夏天冰盆，银饰的方形木盆里盛放从地窖中取来的天然冰块。除了饮食之美，店家自备乐队歌团，美女们按饮客点名入阁献艺，尽声色之娱。一时香风如拂，笙歌连云。或有民间卖唱少女，在老妪引领下不请自来，清唱一曲，求几钱碎银，称为"擦坐"。或有老妇乘机破门而入，献上一炷清香，求点小钱，称为"赶趁"。

茶坊本可教练乐器，颇似器乐爱好者俱乐部，这时真是一展绝技的好时机，笙箫管笛齐奏，听者奏者皆入仙境。

楼店外是另一番热闹欢腾的景象。或扶老携幼，或出对入双，或三五知友，勾肩搭背，都朝那有美食处、有奇景处涌去，下瓦、中瓦、南瓦、大瓦的勾栏，处处客满，听故事，听说唱，最吸引的三大内容即演史、破案、爱情，可谓是千古不变的永恒主题。看杂技，观杂剧，大白布幕后的大型彩绘皮影戏，如今之彩电，一时称奇。戏法令人骇目惊心，猜谜则有奖，听学人说外地话、乡下话，常忍俊不禁捧腹大笑……中瓦子（约洋坝头北）至太平坊巷口一带时称"五花儿中心"，是夜市最热闹处。三元楼与五间楼夹路相对，五间楼前灯光下有张山人现画山水扇，崔官人相字摊，还有各色货摊，如销金裙缎、背心缎、小儿销金帽、文人逍遥巾、四时玩具，冬卖走马灯、玉栅（外垂珠玉串）小灯球、金橘数珠，夏秋卖青纱帐子、挑金纱、异巧香袋儿、木樨（桂）香数珠、细色纸扇、细画绢扇、漏尘（镂空）扇柄、盆栽茉莉花、细巧笼杖，以及各种时新水果。为吸引游人，有唱曲卖糖的，有白须老头摆闹盘卖糖，即盘上有箭状物，客花钱令旋转，中止于盘上刻数，凭此交物。更有一人挑一水桶，桶内有龟，龟顶着傀儡面具跳舞，以此引人驻足观看解囊买糖。赏新楼前有仙姑卖食药，治积食不化。相士们也不肯错过挣钱的好机会，各占佳处揽客。各坊巷名点名小吃，名目繁多，各有特色。过了三更（十二点至一点），夜游人散，各衙门及各官办、民营作坊中值夜班的"公私营干"纷纷下班，夜市做完这一拨生意才次第打烊关张，将后半夜还给天上一轮皓月。

十、天街年市

朝天门年市，从十月开始，朝天门内外形成了一个临时集市，专卖各式过年必用的工艺品，如锦装的新年日历，各种大小彩印门神、财神、灶神的木刻画像，桃符，钟馗画像，狻猊（龙生九子之第五子，不好动，喜久坐而威），虎头彩印画纸，都是过年时去旧换新必备的。还有金彩雕镂的花朵、用金银箔纸或绢剪成的形似幡旗的装饰品，时称幡胜等等，立春时妇女插戴在头上，能随风飘动，故辛弃疾词云："春已归来，看美人头上袅袅春幡。"一年一度的年市到十二月二十四日小年夜稍稍停顿，过年后到元宵节前又起一个销售高潮，节后渐次收摊。我画的《临安年市图》，或可让各位一窥当时的热闹和喜乐吧。

聊可欣慰的是，年货市场这一方式倒是传承到了今天，内容基本相同，形式更丰富多样，新颖亮丽。或在市场，或在书店辟出专栏，售卖过年用的挂历、台历、彩画，各种喜庆纸制品和挂件，引人流连选购。但不知是否有人知道，这一饶有情趣的年货汇展，原来源于南宋京城的朝天门年市。

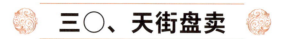

三〇、天街盘卖

　　盘卖就是在一定范围内兜着圈子如转盘一般地叫卖物品，从事这种营销方式的不光是卖杂货的货郎，还有卖小吃的，卖糖果的，卖鱼鲞肉食的，以方便深坊曲巷中少出门的顾客，而不是非要让人跑老远去买一两件少量的东西，真正做到了"顾客至上"。他们或头上顶着货盘，或方或园，或木制或竹编，一手提着交叉的支架，遇到主顾可以将叉子放于路边，将货盘放在架子上任顾客挑选。或者挑着特制的担子，一头是装着食材的货架、餐饮具、装有调味品的瓶罐，一头是烧炭的行灶、储炭的筐和生火的炊具和小水缸，就像二十世纪六十年代还能偶遇的笃笃馄饨担、卖粉丝肺头担。还有做得更考究美观的架子一般的大担子，支架上还镶嵌着玉石，落地一放就像一爿设备齐全的小店，有操作和放餐饮具的桌面和几把坐凳，有放食材的多格抽屉，上面有细篾编的弧形凉棚，棚下悬挂着五彩小灯球和小彩幡，下有竹柜装炭灶与水缸、火钳、吹火筒等用具。一切餐饮具或器物全都擦拭得精光锃亮，一尘不染，令人一见生喜。冬天，担架卖热茶汤，茶中有红枣、姜丝、烘青豆等，卖馓子（即油条、油栅子）和慈茶（姜茶），夏天改售凉茶和冷饮。一幅传为刘松年画的宋画中，担子一头的竹柜斜板上贴着红纸，赫然写着："上等江茶"，问专家，说是钱塘江边某地特产的茶。另一传为赵孟頫画的《品茶图》中的茶担，茶箱，装着炭炉和小锅的竹柜，都画得非常具体而精细可信。这类货担制作得考究，实用和美观结合得具有极高的水平。

盘卖的小贩们还要学会从汴京同门师兄那里传来的一套特定的叫卖声，售卖不同的物品就有各不相同的吆喝声，边走边叫，此起彼伏，"吟叫百端"，召唤着有需求的顾客闻声而来。

　　尤其是杭人吃饭少不了的海鲜鱼鲞，全都来自明州（宁波）温州台州等地，上岸后集中在候潮门外南新桥一带，有鱼鲞店上百家，除了批发，尤其欢迎盘卖人上门要货，到城里盘卖，方便狭巷冷街里的主顾，"尤为快便耳"。

傅伯星《货郎戏耍图》

　　货郎是京城内"歌叫"盘卖的生力军，平时各有专门地盘，此图借休息戏耍之名，将各式小贩集中起来，表现他们五花八门精巧美观的车担箱架，以见当年的辛苦而快乐的生活

可惜的是，这么好的、方便群众的经营方式，却没有传承下来。在大讲宋韵的今天，希望发掘、修复有利于民生的实事，非常期待现今的南宋御街上有盘卖小吃零食的摊贩重出江湖，也许能一改冷清的现状，重添市井生活的乐趣和生气。

三一、天街大比

（上）

京城三年举办一次的全国会试，称那年为大比之年，是举国上下人人关注的大事。据载大比之前，宋高宗、宋孝宗都曾焚香祈天，说"希望天降几个好人来辅助国家"云云。

除了四川地区因路远多险阻自设考点外，其他各地考生都要在二月前后入都，各找旅舍下榻，再去礼部送上自己通过地方考试获得会试资格的公文，请礼部收纳盖印认可，然后买好会试用品，如盛放文具的试篮和座椅。等到定了考期，考生们先于试前一日，去观桥贡院外观看座位安排图示。但京城有三个考点，观桥贡院为礼部定点，接受全国考生；钱塘门外王家桥考点，接受临安府本地考生；余杭门外湖墅转运司贡院考点接受临安以外两浙路的考生。当时一名考生带一二名仆人，若有一万名考生就有两三万人，住满了城北一带的寺观，如仙林寺、昭庆寺、明庆寺、报恩观、元真观等场所。陆游第一次来京就住在西湖南岸的灵芝寺（今钱王祠）中，诗云"借榻灵芝宿僧廊"，睡在走廊的加铺上。

到了三月上旬，朝廷颁布了知贡举、监试、主文考试等官员，以及一应具体办事人员，接着一起送入贡院，然后上锁禁止出入，以防泄露试情或找关系等事发生，称为"锁院"。宋代吸取前朝教训，为体现公平公正、考试"唯一决于文字"的原则，采取了不少新的严密措施，直到今天还在使用。

这次考试因在春天举行，称为"春闱"，又因是尚书省礼部主持，又称"省试"，是实现进士及第、入仕做官的整个科举考试的第二步，第一步为"乡试"，即以"路"（相当于省）为单位的考试，通过者为举人。所以，凡能参考者，都已获得了举人的身份。但并不是省试都能如愿，不及格的可以两年后再考。因此这次参考者还有两拨人，一是上次会试（全国考）落选者，二是靠父荫从小封有八品（类处级）以下官衔者，即官二代或皇族成员，必须参加"铨闱"即选拔官吏的考试，及格后才能有官阶又有实职，否则在宋代也是不受人待见的。

到了开考之日，考生们都要连考三场。第一天考对经典的掌握程度，第二天考政论，第三天考论时务的对策。参考当天，考生们集中到贡院竹门之外，开门后各入内院，按照座位安排在廊下依次落座。待众生坐定，知贡举等官身穿礼服（戴远游冠，着斜襟大红袍，佩曲领方心）在厅前备香案执笏对众而拜，众考生也起而答拜。礼毕，归座，考官入厅，厅前放下帘幕，厅额（挂匾处）出示写在布上的考题，众人开始埋头作文。个别考生对考题若有疑问，可上前至帘外请考官解释，由主文官隔帘而答。一直考到晡时（下午三五点钟）开门，放考生携卷出场，在中门外交卷，并书写姓名，将试卷放入柜中才走出大门。他们在考场内，有巡廊的军卒提着砚水、点心、泡饭、茶酒、菜酒之类轻声唤卖，还有临时征集的居委干部负责维持考场秩序。

上交试卷全部发往弥封所，封住卷首的考生的全部个人讯息（姓名籍贯住址等），不让试官知道，只许在试卷上写下编号，同一人的三场三份试卷只有一个编号。第二步发往誊录所，由专职誊录员将试卷从头至尾重抄一份。抄毕，一人读一人校，确保无误后，将抄本送考官审阅，无法看到原件，杜绝以笔迹认人发生的舞弊。第一位审阅的考官认可，转给第二位考官，也认可，即转给主文考官，无异议，再到誊录所调取试卷原件，供考官们定夺第一名与及第名单。审阅完毕，朝廷派官员到贡院拆去封号发榜，公布考中考生的名单。据皇帝特批，下一步殿试时前十名皆可上殿，当着皇帝之面参加殿试，其他考中的在殿廊或殿庭参加殿试。考生如有亲戚恰好在考官中，必先如实报告，去别试院（贡院西北）另行考试。每次赴考者不下万人，落榜的居多，黯然而归，准备两年后重来。考中的留在京城，先经都堂（六部大院内的宰相会议厅）"点请复试"，其实只是检查一下是否为人顶替。复试无误，就等参加最后的一次拼搏了。这次考中的称贡士，即已经是"贡献"给国家的成功候选人士了。

（下）

五月一日到京的各地考生，纷纷前往六部桥六部大院，到尚书省都堂（综合办公厅）报到登记，等待参加殿试。殿试前三日，朝廷宣布主考官员等，送到和宁门内的学士院"锁院"，商议出殿试的考题。殿试当天，传旨命所有考官前往设有考场的宫殿。

考生们从皇城东华门入宫，要逐个搜身，确定身上没有文身和挟带任何参考文书，仅允许携带文具和自己的空白卷子，才被放入，至集英殿（即大庆殿临时更换匾额），先向皇上问安，然后在大殿两侧的走廊上按照座次一一落座，由殿直（值班人员）给每人发放刊印好的策题（对某一国策提出自己的看法和意见）。考到中午，由殿直赐给考生饭食和砚水之类用具。午后，考生们陆续交卷，走出考场。

考生的试卷仍需弥封，卷头打上编号，交给初放官先阅，打出分数，并剔除劣等的卷子；再交给复考官复阅，排出次第；最后送给定参详官三阅，统一前两阅的意见，定出科甲的名次与前三名。等皇帝驾临文德殿（即大庆殿，再次换匾），主考官才将前三名的试卷呈给皇帝亲自审阅，并排定名次，然后下令宣唤前三名上殿，这就是科举全过程中的最高潮——皇帝"临轩唱名"。

在考生中的前三名听到几次宣唤自己的姓名，才敢应声出列，走上殿坪，接受皇帝的亲切接见，问他们的籍贯年龄等等。宣布第一名为状元，第二名为榜眼，第三名为探花，接着被请入状元待班处，更换皇帝所赐的绿袍和朝笏，完成了由平民转化为官员的过程。当即授状元为承事郎（文职正八品），职授上郡签判；榜眼承奉郎、探花承务郎，职任中郡或下郡节推、察推（均系法官）。即以状元的官阶而言，也仅是基层干部，类今之处级，戏剧中一中状元就封为 N 省巡抚大人之类，只是戏说，切不可信。

接着前三名进诗谢恩，皇帝赐御筵，赐诗给状元。前三名以下的第一甲考生，赐进士及第，第二甲赐进士出身，第三、第四、第五甲赐同进士出身。对于屡考屡败仍然赴试的老考生，称为特奏名，若终于考中了，补授迪功郎（从九品）。宋高宗曾见一新进之士须眉皆白，问他贵庚几何？那人说："五十年前二十三。"

接着安抚司、转运司派人出钱借观桥贡院办状元局，制作新科进士姓名登科纪念册，临时包下涌金门外的丰乐楼，举办"鸣鹿宴"，供同年考中的进士们庆贺聚餐。等各人办好入职手续，登记注册，状元与进士们荣归乡里，州县乡又是一番欢庆，其所居地已新建起状元牌坊，有的至今屹立不倒，诉说着昔日的荣耀。

八月十五日，京城与各州郡县、各路（类省级）转运司同时举行考试，称为"解闱"。即为朝廷发现、输送、贡献可用人才的考试。京城考试的程序、方式、场地同前，但各地"解额"（考中人数）皆有提升，杭州地区 89 名，两浙

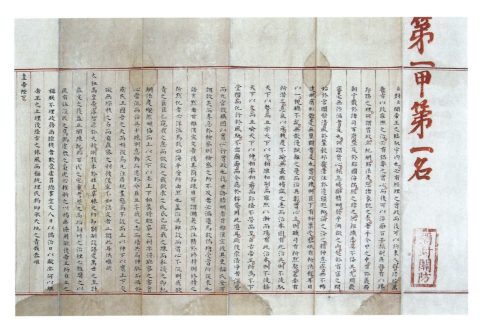

明万历二十六年（1598）状元赵秉忠的殿试卷，是大陆唯一的殿试状元卷真迹

转运司考的外地寓居者约每百人取一人，已有官职的考生十名取一，三大学考生约四五人取一名……所有这些考中者将汇集成两年后入京参加"春闱"的生源，历史就这般循环往返，意外地创造出曾经广为流传的动人故事，比如《玉簪记》中的考生潘必正与尼姑陈妙常的动人爱情故事。

三二、天街状元

　　天街状元，指的是从观桥贡院考出来的千万人中的佼佼者。从宋高宗建炎二年（1128）至宋度宗咸淳七年（1271），一共产生了四十八名状元。其中较为人知的有张九成、汪应辰、赵逵、张孝祥、文天祥、陈文龙等六人。

　　●张九成（1092—1159），字子韶，号无垢，汴京人，后迁居海宁盐官，绍兴二年（1132）状元，授镇东军签判，与上司意见不合，弃官归乡讲学。后应召入京，历官至礼部侍郎兼刑部侍郎，力主抗金，反对议和，为秦桧所忌，谪守邵州（今湖南邵阳），旋遭革职，以"谤讪朝政"罪，谪居南安军（今江西

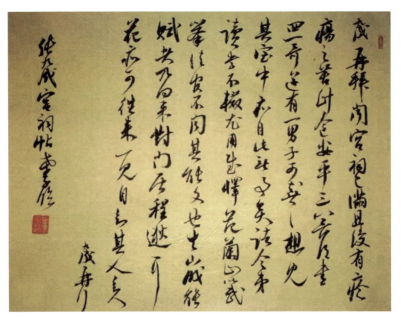

张九成手书

大余）14 年。秦死复用为温州太守，直言上书不纳，辞归故里，卒赠太师、崇国公，谥文忠。张致力经学、佛学，著有《横浦集》，后成"横浦学派"。

汪应辰画像

●汪应辰（1118—1176），字圣锡，信州玉山（今江西省玉山县）人，诗人、散文家。十八岁为状元。召为秘书省正字，忤秦桧意，下放为建州（今属福建省福州市）通判。秦死，还朝，累官吏部尚书，刚方正直，敢言不避，内侍侧目，以端明殿学士出知平江府（苏州），连遭贬降，致仕（退休）不起。卒谥文定，学界称其为玉山先生，著有文集五十卷。

●赵葵（1189 — 1266），字南仲，号信庵，衡山（今属湖南）人，京湖制置使赵方之子，知静江府赵范之弟。赵葵早年随父抗金，战于枣阳、邓州、蕲州等地，以功授承务郎。绍定四年（1231），一举全歼为患淮东多年的叛将李全，升淮东制置使兼知扬州。端平元年（1234），以京西、河北路制置使出师北伐，收复三京（洛阳、开封、商丘），旋败于蒙古。淳祐九年（1249），授右相兼枢密使，坚辞，以少师、武安节度使致仕，封冀国公。咸淳二年（1266）逝世于小孤山舟中，享年七十七岁。追赠太傅，谥忠靖。他历仕宁宗、理宗、度宗三朝，"朝廷倚之，如长城之势"。他以儒臣治军，工诗画，著有《行营杂录》《信庵诗稿》，其《杜甫诗意图》为宋代名画之一。

●张孝祥（1132—1170），字安国，号于湖居士，历阳乌江（今安徽和县乌江镇）人，卜居明州（宁波）鄞县。著名词家、书法家，唐代诗人张籍七世孙。张状元及第授官，上书为岳飞辩冤，为秦桧所忌，次年秦死，累官至中书

张孝祥手书

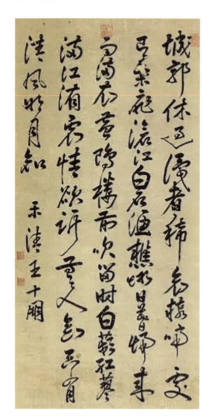

王十朋书法

舍人。宋孝宗时，直学士院，隆兴元年（1163）任建康（今南京）留守，又为荆南、湖北路安抚使，皆有政绩。乾道五年（1169）以显谟阁直学士致仕，次年在芜湖病逝，年仅三十八岁。著《于湖居士文集》《于湖词》，是"豪放派"代表作家。

●王十朋（1112—1171），字龟龄，号梅溪，温州乐清人。绍兴二十七年（1157）状元，官秘书郎。多次建议整顿朝政，起用抗金将领。孝宗时，官侍御史，力陈抗金恢复大计。历知饶、夔、湖、泉诸州，救灾除弊，治绩斐然。乾道七年（1171）任太子詹事，旋以龙图阁学士致仕。七月卒于家，享年六十，追谥"忠文"，有《梅溪集》。

●陈亮（1143—1194），字同甫，号龙川，婺州（今金华）永康人。宋孝宗乾道淳熙年间三次上书，反对和议，力主抗金。遭人嫉恨，三次下狱，幸得孝宗派人调查，裁定无罪。绍熙四年（1193）由宋光宗亲擢为状元，授签书建康府判官公事，未及就任而逝，年五十二岁。宋理宗时，追谥"文毅"。陈亮倡导经世济民的"事功之学",反对空谈"道德性命",创立永康学派,影响深远。其词风格豪放,著有《龙川文集》《龙川词》。

吴潜画像

●吴潜(1195—1262),字毅夫,号履斋,原籍宣州宁国(今属安徽),生于浙江德清新市镇。宋宁宗嘉定十年(1217)状元,授承事郎。出任地方,均有建树。宋理宗淳祐十一年(1251)拜右丞相兼枢密使,次年罢相。开庆元年(1259)元兵攻鄂州,受任左丞相,封许国公,再次遭右相贾似道等人诬陷打击,罢相远谪。景定三年(1262),在谪地循州(今广东惠州市)被贾似道党羽下毒害死,享年六十八岁。德祐元年(1275)平反,追赠少师。著有《履斋遗集》《履斋诗余》。

●文天祥(1236—1283),字履善,一字宋瑞,号文山,江西路吉州庐陵县(今吉安市青原区富田镇)人。二十岁中状元,一度掌理军器监兼权直学士,因斥责宦官头目,讥讽权相贾似道,数遭降黜,三十七岁自请致仕。德祐元年(1275),元军南侵,文散尽家财,招兵勤王,被任命为浙西江东制置使兼知平江府。后升右丞相兼枢密使奉命与元军议和,严斥元军统帅伯颜,被扣北上,于途中逃归,至福州拥立益王赵昰为

文天祥画像

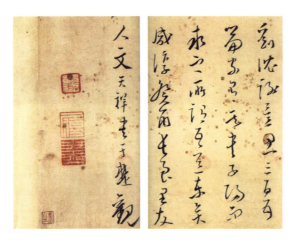
文天祥书法

帝,赴南剑州聚兵抗元,再攻江西,败退广东。祥兴元年(1278)卫王赵昺继位,拜少保,封信国公。后于五坡岭被俘,押赴元大都,被囚三年,拒不降元,于至元十九年(1282)十二月从容就义,终年四十七岁。明代追谥"忠烈"。文天祥与为国殉难的陆秀夫、张世杰并称"宋末三杰"。文天祥的著作经后人整理,辑为《文山先生全集》。

● 陈文龙(1232—1276)原名子龙,字刚中,宋度宗为他改名文龙,赐字君贲,号如心。咸淳四年(1268)考中状元,深受器重,正直敢言,触怒权相贾似道,被贬官抚州。贾似道兵败鲁港后,再起用陈,数升为参知政事(副相)。见朝廷议和,遂回乡"养老"。景炎元年(1276),益王称帝福州,授陈参知政事,一举平定漳浦、兴化叛乱。元军占广州,泉福二州守将皆降。招降使两次到兴化劝降,均被焚书斩使。后部下降元,陈与家人均被抓获,押送杭州。陈于途中绝食,至杭谒拜岳飞庙,失声恸哭,当晚死于庙中,年仅四十四岁,葬于西湖智果寺竹园内,后谥忠肃。

陈文龙画像

与文天祥、陈文龙相反,宋理宗淳

祐四年（1244）状元、衢州人留梦炎，在德祐元年（1275）十一月元军逼近临安之时，身为左丞相的留竟弃位而逃，并于次年降元，后对文天祥劝降，遭怒斥。当在大都的南宋降臣十人请求元世祖释放文天祥为道士时，唯官至元朝礼部尚书的留梦炎坚决反对，说："天祥出，复号召江南，置吾士人于何地！"他的无耻，成为"两浙之羞"，以至明清两代禁止留氏后人参加科举考试，凡两浙留姓考生，必先具结保证：不是留梦炎后裔，才能进入考场。

三三、天街名人

（上）

　　状元是当时精英中的精英，但他们一生的成就受各种主客观因素的制约，未必是第一流的，反而是一般的进士甚至一般的文人业绩斐然，名留史册，为人敬仰，接着就来说说天街范围内曾经居住过的南宋名人。

　　●陆游（1125—1210），字务观，号放翁，越州山阴人。赐进士出身，官至宝章阁待制。南宋四大诗人之一，著有《渭南文集》《老学庵笔记》等。56岁时他租住在孩儿巷南（一说山子巷），时任军器少监（副局长），工作单位

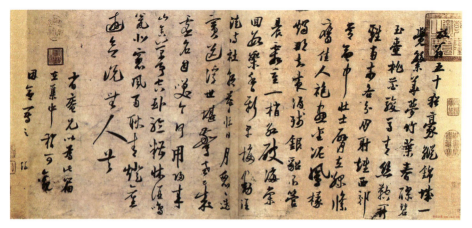

陆游手书《怀成都十韵诗》

军器所（兵工厂），约在今延安路西侧的灯芯巷社区一带，居此为方便上下班，只因写了一首"世味年来薄似纱"的诗，弄得尽人皆知，他住过的其他地方，比如早年与老表周必大连墙而居的石灰桥一带，八十岁来京修史住的华光巷一带……都被忽略不计。老先生泉下有知，也会不高兴的。

●周必大（1126—1204），字子充，号平原老叟，江西庐陵（今吉安县）人。绍兴二十一年（1151）第一次进士，授职去惠民和剂局当门官（门卫主任），租住在吴山西下漾沙坑一带的群租房里，不料突遭大火，官府把他和邻居五十多家男人全抓了，逼他们招供失火事主。周不忍心大家无辜受苦，得知如自认其责，只削职而已，就慨然自认，官府结案放人，周则丢了饭碗，只好回去投靠丈人。隔了几年，经不住丈人又劝

周必大画像

又逼，只得入京参考，谁知一考而中，从此官运亨通，绍兴末年官至宰相。宋孝宗即位，他又干了一届。为岳飞平反的公告就是他写的，既为退位的宋高宗"免责"，又歌颂了新皇帝的英明。他死后谥文忠，著有《省斋文集》等。

●杨万里（1127—1206）字廷秀，号诚斋，周必大的老乡，江西吉州人，绍兴二十四年（1154）进士，名列南宋四大诗人。他刚正敢言，弄得想重用他的人望而束手，所以他两次入京两次出京，再后来辞官而归。宁宗朝权臣韩侂胄筑园请他撰写园记，许以高官，他回话说：官可不做，记不可写！韩转邀陆游，陆一口应承。杨知悉即与断交，居家十五年而逝。他来京曾寓仙林寺，后租居蒲桥旁（约今庆春街乌龙巷一带）。

范成大画像

●范成大（1126—1193），字至能，晚号石湖居士，平江府（苏州）吴县人，绍兴二十四年进士，历四川制置使、参知政事（副相），晚年退居石湖。卒赠少师、崇国公，谥文穆。著有《石湖集》《揽辔录》等，南宋四大诗人之一。范寓京住枣木巷，西通石灰桥，东出众安桥南之天街，其《客中呈幼度》七律中云："酿泥深巷五更雨，吹酒小楼三面风。"后句正说明了当时民居建筑是：只有朝北一面有墙，另三面都是可拆可装的木格长窗，与宋画中的样式正好互为印证。

●周辉（1126—1198），字昭礼，南宋作家，著有《清波杂志》十四卷。祖居在后洋街（今竹竿巷），其宅毁于建炎二年（1128）的陈通之乱。后居清波门南。

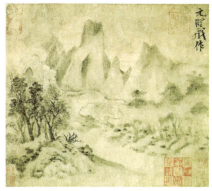

米友仁《云山得意图》

●韩淲（1159—1224），字仲止，号涧泉，韩元吉（陆游友）之子，诗人。时任药局判院（类院长），局约在今惠民路西，故寓居朝天门旁山下，有诗云："山深常抱白云眠，离远尘嚣恰十年。投老吴山小楼底，一簪华发暑风前。"

●米友仁（1074—1153），字元晖，晚号嫩拙老人，祖籍太原，定居润州（今镇江），北宋书画家米芾长子，人称"小米"。宋高宗爱其父子书法，任其为兵部侍郎、敷文阁直学士，命其鉴定法书。他的山水画发展了其父技法，其《远岫晴云图》上自题"绍兴甲寅（1134）元夕前一日自新昌泛舟来赴朝参，居临安七宝山"云云，实居七宝山下之天庆观东。传世名著有《潇湘奇观图卷》等。

●王明清（约1127—1202），字仲言，颍州（今安徽阜阳）人，文学家王铚次子，学者、作家，著有《挥麈录》。在临安任职榷货务（在通江桥东）提辖官时，居七宝山上，"俯仰顾盼，聚山林江湖之胜于几案间"。在那里写完了《挥麈后录》，次年调离临安，官至浙西路参议。

●朱熹（1130 — 1200），字元晦，号紫阳，江西婺源人，生于南剑州尤溪（今福建三明市尤溪县）。进士出身，孝宗朝任提举浙东茶盐公事、江西提刑；宁宗时任待制、侍讲，庆元二年（1196）底落职，离京致仕，庆元六年卒，享年七十一岁，嘉定初追谥"文"，是南宋诗人、哲学家、教育家，宋代理学的集大成者。离京前一度寓居在灵芝寺（钱王祠）。

朱熹画像

●杨简（1141—1226），字敬仲，号慈湖先生，慈溪人，乾道五年（1169）进士。淳熙十一年（1184）任浙西路安抚司干办官，以原住处"隘陋"，换得宝莲山的官舍，自题"莫能名斋"。宁宗即位，权臣韩侂胄发动"庆元党禁"，肃清异议人士，杨被斥十四年，居家著书讲学。韩死，嘉定元年（1208），杨起复为官，理宗时以耆宿大儒授宝谟阁学士，卒赠正奉大夫。

●女诗人朱淑贞（约1135—1180），居大瓦巷（今宝康巷）。钱塘人，一说海宁人。嫁为市民妻，不得志而殁。据我在海宁路仲镇朱氏故居所见，推测其为海宁人而嫁入临安为理顺。

●陈起（生卒年不详），字宗之，居睦亲坊棚桥，诗人、出版家。被江湖诗人誉为"指南针"。

●岳珂（1183—1243），字肃之，号倦翁，岳霖之子，岳飞之孙，江西江州（九江）人，文学家，著作甚丰，有《桯史》《玉楮集》等。进士出身，官至户部尚书，寓所在三桥，《初还故居》诗语在宫亭西，未知何在，也未详为何年事。

●李性传（1174—1255），字成之，隆州（今四川乐山）人。嘉定四年（1211）进士。初为武学博士，修《武志》。居处傍市河之桥因名李博士桥（北为棚桥），巷名武志坊巷。官至起居舍人兼侍讲。

●方回（1227—1305），字万里，号虚谷，歙县人，诗人、诗论家，著有《桐仁诗集》《瀛奎律髓》。个人品行为人所讥，元兵至，望风迎降。晚年寓居三桥，卖文为生至死。

●周密（1232—1298），字公谨，号草窗。曾祖南渡因家吴兴，置业弁山，故晚号弁阳老人、弁阳啸翁，又号四水潜夫。以祖荫任临安府幕职，迁义乌令，为元兵所迫，解职归里，弁山家业毁于火，迁杭投靠姻亲杨大受，寓居癸辛街（在清湖河洪福桥旁），以保存故国文献自任，著有《武林旧事》《齐东野语》《癸辛杂识》《浩然斋雅谈》等，为宋代野史中的重要文献，为治史者所乐取。

●张雯（生卒年不详），字子昭，宋亡不仕，隐迹宗阳宫搜访故宋遗迹，凡朝廷、宫室、舆服、朝会、宴享诸事，皆得其详，著有《维潜录》《德寿宫纪略》等。

（下）

除了天街两侧范围内的名人，还有三部分人士不可忽略：一是历代宰相中的诗人，二是住在天街范围以外的文人，三是史有其人而住址未详的文人、艺术家，现简介如下：

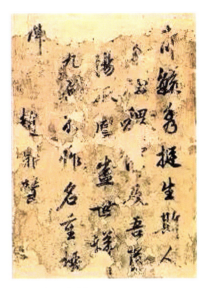

赵鼎《毓秀贴》

●赵鼎（1085—1147）字元镇，崇宁五年（1106）进士。南宋初期名相，被秦桧排挤出朝，罢相后一度寓居明庆寺，后被贬海南，被迫自尽……著有《忠正德文集》等，为南宋初词人，多首作于临安。

●史浩（1106—1194），字直翁，号真隐，明州鄞县（今宁波）人，绍兴十四年（1144）进士，孝宗时官至右相，赐第于后洋街（竹竿巷），卒谥文惠，追封越王。著有《鄮峰真隐漫录》《鄮峰真隐大曲》《词曲》等，保存了众多不易见到的宋代大曲歌词，极为可贵。

●陈康伯（1097—1165）字长卿，信州弋阳人。宣和三年进士。绍兴三十年（1160）金主完颜亮毁盟南侵，右相陈康伯独任艰危，领导抗战，完胜金军。孝宗初，陈卒于任中，赐第在清河坊，惜未详其址。有词作传世。

赵令畤手迹

●赵令畤（1061—1143），字景贶，苏轼改其字为德麟，宋太祖六世孙，词人。由于与苏轼来往，"被责三十年"，绍兴二年（1132）宋高宗令其选嗣子，赐第涌金门内，封定安郡王。著有《侯鲭录》《聊复集》词一卷。

●曹勋（1098—1174），字公显，号松隐，阳翟（今河南禹州）人，靖康元年（1126）与宋徽宗一起被金兵押赴北上，受徽宗半袖绢书自燕山逃归。下年秋向宋高宗上绢书，求召敢死队往救徽宗，被黜。绍兴十一年（1141）宋金和议成，曾三次使金，劝金归还徽宗灵柩。孝宗朝拜太尉，提举皇城司，开府仪同三司（相当于副相），卒赠少保。其宅称曹家花园，即今韶华巷。著有《松隐文集》《北狩见闻录》等。

●赵汝愚（1140—1196），字子直，原籍饶州余干，宋太宗八世孙，乾道二年（1166）进士，官至右相，全力主持宋宁宗即位的"绍熙内禅"，后为韩侂胄排挤出朝，被毒死于远谪途中。开禧三年（1207）韩被杀，赵复原官，赐谥忠定，赠太师。理宗时追封周王，配享宁年庙廷，列入昭勋阁二十四功臣之一。

●洪咨夔（1176—1236），字舜俞，号平斋，临安人。嘉泰元年（1201）进士，官至刑部尚书，加端明殿学士。卒谥忠文。著有《春秋说》等。

●余玠（1199—1253），字义夫，分宁（今江西修水）人，文学家洪迈之婿，庆元二年（1196）任监柴垛桥东之都税院（类今税务总局局长），十月因事故"放罢"……淳祐元年（1241），以兵部侍郎出任四川安抚制置使、四川总领兼夔州路转运使，励精图治，构筑了闻名天下的山城防御体系，多次击退蒙军的强攻，其中的合川钓鱼城守军在战斗中一举毙蒙军主帅蒙哥，有力地阻滞了蒙古亡宋的步伐二十余年。宝祐元年（1253）理宗听信谗言，连发金牌促其回京。七月十八日，余玠自知含冤难申，不愿重蹈岳飞的覆辙，在任上服毒自尽，年仅五十四岁，"蜀人莫不悲戚如丧父母"。重庆等地至今仍有余公祠纪念余玠，却已无人知道他在杭州柴垛桥的经历了。

●乔行简（1156—1241），字寿朋，东阳人，从吕祖谦学，三十八岁进士，端平三年（1236）八十岁左相，次年卒于家，谥文惠。其家在长庆坊（今十五奎巷）西山上之原宝奎寺。他晚年位极人臣，逢事必有建言，有警句存世云："贤路当广而不当狭，言路当开而不当塞。"

●崔与之（1158—1239），字正子，生于广东番禺，"幼贫力学"，三十五岁进士，寓官巷北巷，官至右相兼枢密使，曾力阻金人南犯。任相后三年，正式退休，十一月病卒，享年八十一岁，谥清献，赐太师。其所居之处，从无搬迁或增扩，后人因名其巷为崔家巷，今在奎元馆面店之后（北），惜少人知。

●董槐（？—1262），字庭植，号榘堂，濠州定远（今属安徽）人，嘉定进士，宝祐三年（1255）任右相兼枢密使，整顿法纪，惹恨权奸。次年六月某夜，御史丁大全擅自调兵百余，将董拉出相府（地点不明）塞进轿中，抬到北关门外路边，一哄而去，次日罢相诏下，至此，宋理宗旨在除旧布新的端平更化已趋失败。

●诗人杜汝能（生卒年不详），居西湖曲院，"博学工诗"。

●叶绍翁（1194—1269），号靖逸，居钱塘门外九曲城边，作家、诗人，著有《四朝闻见录》。

●姜夔（约1155—1209），字尧章，号白石道人，饶州鄱阳人。终生未仕，词人、作曲家、书法家，寓居水磨头（小溜水桥），卒于杭，葬马塍。有《灯词》组诗写临安元夕，极佳。更有十八首"自度腔"（自谱曲）传今，为唯一南宋声乐作品。

●赵师秀（1170—1219），字紫芝，

姜夔画像

永嘉人，"以诗闻，与翁卷、徐照、徐玑，号永嘉四灵"。寓所在西湖边。

●朱弁（1086—1144），字少章，婺源人，使金被扣十三年，绍兴十一年（1141）回国，寓居白龟池（约今荷花池头），著有《曲洧旧闻》《风月堂诗话》。

●俞商卿（生卒年不详），名灏，杭人，绍熙四年进士，致仕后筑室九里松，有诗集。

●周紫芝（1082—1155），字少隐，宣城人，六十一岁考中探花，历官右司员外郎，任兴国军期满退休，归西湖旧居，著《太仓稊米集》。类似的文人不少，多散居于湖山间。

南宋名画家，除刘松年居清波门外，其他如李唐、萧照、苏汉臣、李嵩、李迪、马远、马麟、夏圭等画坛巨匠皆不知其所居何处，但他们的作品都在，可供人研究南宋一代人的审美情趣与社会风尚，以及南宋社会生活的真实场景和细部构造，这是文献无法替代的。

三四、天街诗话

南宋一代名人几乎都在临安住过，几乎都有诗词留下，其中不少写到天街景色，可以从中看到当时的真实图景，比文字记述更有画面感和情感，值得一读。

陆游《夜归》

疾驰沿河堤，不知几坊曲。

到家四邻寂，往往睡已熟。

天香余袅袅，佛灯犹煜煜[①]。

中庭虽一席，缓步意亦足。

寒犬吠荆篱，栖鹊起丛竹。

市声[②]从北来，始觉非林谷。

注：①煜煜：光亮清晰之貌。

②市声：街市上的声响。

陆游《临安春雨初霁》

世味年来薄似纱，谁令骑马客京华。

小楼一夜听春雨，深巷明朝卖杏花。

矮纸斜行闲作草,晴窗细乳①戏分茶。

素衣②莫起风尘叹,犹及清明可到家。

注:①细乳:点茶时水面涌起泡沫状的水花,是点茶者的乐趣。

②素衣,指无官职之士。

陆游《访客至北门,抵暮乃归》

北郭那辞十里遥,上车①且用慰无聊。

九衢浩浩市声合,四野酣酣雪意骄。

清镜新磨临绿浦,长虹横绝度朱桥。

归来熟睡明方起,卧听邻墙趁早朝。

注:①上车,即上轿,下同。

陆游《出东城并江而归》

上车容假寐,出郭当闲游。

远笛临风闻,高帆到岸收。

人归花市路,客醉酒家楼。

径就东窗卧,孤灯欲话愁。

陆游《夜归砖街巷①书事》

近坊灯火似昼明,十里东风吹市声。

远坊寂寂门尽闭,只有烟月无人行。

谁家小楼歌恼侬,余响缥缈萦帘栊。

苦心自古乏真赏,此恨略与吾曹同。

归来空斋卧凄冷，灯前病骨巉巉影。

独吟古调遣谁听。聊与梅花分夜永。

注：①陆游时65岁，寓此地。

范成大《次韵乐先生吴中见寄》

官宜门巷果园西，桃李成蹊杏压枝。

如许年芳忙里过，斩新今日试题诗。

范成大《客中呈唐幼度》

手板头衔意已慵①，墨池书枕兴无穷。

酿泥深巷五更雨，吹酒小楼三面风。

马远《山径春行图》

草色有无春最好，客心去住水长东。

今朝合有家书到，昨夜灯花缀玉虫②。

注：①意已慵：已少兴趣。

　　②玉虫，即烛泪。

杨万里《过坝东石桥①桐花尽落》

老去能逢几个春，今年春事不关人。

红千紫百何曾梦，厌尾桐花也作尘。

注：①坝东石桥疑为猫儿桥。

杨万里《初夏清晓，赴东宫讲筵，经和宁门外赏花市》

剩雨残风一向颠，花枝酒盏两无缘。

忽逢野老从湖上，担取名园到内前①。

芍药截留春去路，鹿葱交上夏初天。

众红半霎聊经眼，不枉皇州②第二年。

注：①内前：皇城和宁门前。

　　②皇州，指京城。

杨万里《幼圃》①

寓舍中庭劣半弓，燕泥为圃石为墉。

瑞香萱草一两本，葱叶薤苗三四丛。

稚子落成小金谷，蜗牛卜筑别珠宫。

也思日涉随儿戏，一径惟看蚁得通。

②蓴，即蓴菜，直立草本植物。

杨万里《早霭谒景灵宫闻子规》

帝里①都无个里②宽，苑深地禁③到应难。

蔚然绿树去天近，上有子规啼月残。

便觉恍如还故里，不知闻处是长安④。

野蔷薇发桐花落，孤负南溪老钓竿⑤。

注：①帝里：京城里。

②个里，即这里。

③地禁：景灵宫不是人人可到的禁区。

④长安，代指临安。

⑤老钓竿，意谓他早有辞官回家休闲之梦。

陈起《过三桥怀山台》

卖花声里凭栏处，沽酒楼前对雨时。

景物如初人自老，夕阳波上燕差池。

赵师秀《赠卖书陈秀才》

四围皆古今，永日坐中心。

门对官河水，檐依柳树荫。

每留名士饮，屡索老夫吟。

最感书烧尽，时容借检寻。

陈造①《行都》

雾冷河倾斗柄低，望仙桥外独归时。

风流御柳娟娟静，月度舳棱②故故迟。

几处清歌留客醉，谁家长笛倚楼吹。

太平喜乐朝仍暮，帝力③何曾尔辈知。

（绍熙元年二月十九日初馆行都）

注：①陈造（1133—1203），字唐卿，江苏高邮人，淳熙二年（1175）

进士，著有《江湖长翁文集》。

②舳棱：殿堂最高处。

③帝力：皇帝的策略。

姜夔《灯词》六首

其一

灯已阑珊月色寒，舞儿往往夜深还。

只应未尽婆娑意，更向街心弄影看。

其二

南陌东城尽舞儿，画金刺绣满罗衣。

也知爱惜春游夜，舞落银蟾①不肯归。

其三

沙河云合无行处，惆怅来游路已迷。

却入静坊灯火空，门门相似列蛾眉②。

其四

游人归后天街静，坊陌人家未闭门。

帘里垂灯照樽俎③，坐中嬉笑觉春温。

其五

珠络琉璃到地垂，凤头④衔带玉交枝。

君王不赏无人进，天竺堂深夜雨时。

其六

贵客钩帘看御街，市中珍品一时来。

帘前花架无行路，不得金钱不肯回。

注：①银蟾：银色的月亮。

②蛾眉：美丽的女眷。

③樽俎：盛酒肉的器皿，代指宴席。

④凤头：帘钩之顶端做成凤的形状，嘴中可衔住下垂的帘子。

敖陶孙①《题三元楼壁》

左手旋乾右转坤，如何群小恣流言。

狼胡②无地居姬旦③，鱼腹终天吊屈原。

一死因知公所欠，孤忠幸有史长存。

九泉若逢韩忠献④，休道如今有末孙。

注：①敖陶孙（1154—1227），字器之，福清东塘（今属福建福州）人。宁宗庆元初年（1195）题诗为被韩侂胄迫害致死的故相赵汝愚鸣冤，逃归。庆元五年（1199）进士，七十四岁卒于温陵签判任上。

②狼胡：狼下巴处。

③姬旦，即西周周公。全句意味狼（指韩侂胄）下巴下是容不了周公（指赵汝愚）的。

④韩忠献，指韩侂胄的曾祖父、北宋名相韩琦。

马麟《秉烛夜游图》

王同祖[①]《夜步内门》

静夜孤灯人未眠，等闲行过内门[②]前。

一声唱彻连珠喏[③]，碧月朱栏绿柳边。

注：①王同祖（1219—？），字与之，号花州，金华人。幼年侍父宦游，弱冠入金陵（今南京）幕府，淳祐九年（1249），通判建康府（今南京）。

②内门，指东华门。

③连珠喏：禁军小队相遇时连声问答，如珠子连着滚动。

王同祖《太乙宫即事》

金殿重重画不开，盘窠苍柏两行栽。

角门东畔瞻宸几[①]，仙杖曾迎翠辇来。

注：①宸几：皇帝的住处。

王同祖《京城元夕》

鼓乐喧喧月色新，天街灯火夜通晨。

玉皇不赐传柑宴①，散与千门万户春。

注：①传柑宴：北宋皇帝宴中以黄柑分送侍从大臣，称为传柑宴。

王同祖《天街夜步》

风不停云月更清，千门绣幕笑歌声。

御营巡检无拘束，走马天街夜达明。

王同祖《和宁门观驾》

星斗中天夜向晨，寸云不点月华明。

六飞①过尽灯如昼，宫漏迟迟报五更。

注：①六飞，指皇帝六匹马拉的车飞似奔跑，故以六飞代指皇帝。

洪咨夔《哭都城火》

九月丙戌夜未中，祝融①涨焰通天红。

曾楼杰观舞燧象②，绮峰绣陌奔烛龙。

始从李博士桥起，三面分风十五里。

崩摧汹汹海潮翻，填咽纷纷釜鱼死。

开禧回禄③前未闻，今更五分多二分。

大涂小撤嗫不讲，拱手坐视连宵焚。

殿前将军猛如虎，救得汾阳令公府④。

祖宗神灵飞上天，痛哉九庙⑤成焦土！

（绍定辛卯大火，独存史相赐第）

注：①祝融：古代的火神。

②燧象：古代以火惊象使冲锋。

③回禄：古代火神名。

④汾阳令公：唐代大臣郭子仪，代指史弥远。

⑤九庙，指太庙。

佚名《题太和楼》

太和酒楼三百间，大槽昼夜声潺潺。

千夫承糟万夫瓮，有酒如海糟如山。

铜锅熔尽龙山①雪，金波涌出西湖月。

星宫琼浆天下无，九酝仙方②谁漏泄？

皇都春色满钱塘，苏小当垆酒倍香。

席分珠履三千客，后列金钗十二行。

一座行觞歌一曲，楼东声断楼西续。

就中茜③袖拥红牙④，春葱⑤不露人如玉。

今年和气光华夷，游人不醉终不归。

金貂⑥玉麈⑦宁论价，对月逢花能几时？

有个酒仙人不识，幅巾大袖豪无敌。

醉后题诗自不知，但见龙蛇⑧满东壁。

注：①龙山，即今玉皇山。

②九醒仙方：道教中术。

③茜：红色染料，引申为大红色。

④红牙：乐器中的红色檀木拍板。

⑤春葱：形容少女手指美如春天的葱白。

⑥金貂：金子做的貂鼠。

⑦玉麈：玉做的麈，原意为头鹿之尾。鹿群视其尾所指方向行动，古代以此做成聚谈时主人的指挥器，状如小扇，扇顶装麈。全句意谓这么贵重之物也不必谈论价格了。

⑧龙蛇，指狂草笔势飞舞之状。

杨炎正①《钱塘迎酒歌》

钱塘妓女颜如玉，一一红妆新结束。

问渠结束何所为？八月皇都酒新熟。

酒新熟，浮蛆②香，十三库中谁最强？

临安大尹③索酒赏，旧有故事须迎将。

翠翘金凤乌云髻，雕鞍玉勒三千骑。

金鞭争道万人看，香尘冉冉沙河市④。

琉璃杯深琥珀浓⑤，新翻曲调声摩空⑥。

使君一笑赐金帛，今年酒赛真珠红。

画楼突兀临官道⑦，处处绣旗诤酒好。

五陵年少⑧事豪华，一斗十千谁复校？

黄公垆⑨下谩徜徉，何曾见此大堤倡！

惜无颜公⑩三十万，往醉金钗十二行。

注： ①杨炎正（1145—？），字济翁，庐陵（今江西吉安）人，杨万里族弟。庆元二年（1196）进士，官至安抚使。

②浮蛆：浮在酒表面的泡沫或膏状物。

③大尹：知府代称。

④沙河市，即天街。

⑤琥珀浓：形容酒的颜色如同琥珀般深红色。

⑥摩空：声音直冲上天。

⑦官道，即御街。

⑧五陵年少，指京城富豪子弟。

⑨黄公垆：魏晋时王戎、嵇康、阮籍等"竹林七贤"会饮之处，后泛指朋友聚饮之处。

⑩颜公：古代捉鬼发家的颜儒鲁。

李嵩《月下看潮图》

岳珂《梦尚留三桥旅邸》

天上①归来打六更，梦回搔首正曹腾。

玉霜②初上三桥月，绛彩③犹明九市④灯。

声彻铜鱼催勘箭⑤，影斜金鹊在舢棱。

帝乡⑥东望重回首,佳气何时到五陵⑦?

注:①天上,指皇城。

②玉霜,指天上星汉。

③绛彩:红色的灯光。

④九市,泛指街市。

⑤勘箭:皇帝乘车回皇城时一种规定仪式,门里门外拿出箭与箭匣,相合而门开。

⑥帝乡,指临安。

⑦五陵:西汉五位皇帝的陵墓,代指绍兴的南宋皇陵。

家铉翁①《前岁上元》

沙河红烛暮争燃,花市清箫夜彻天。

客舍风光如昨梦,帝城歌酒又经年。

注:①家铉翁(约1213—1297),号则堂,眉州(四川眉山市)人。以荫入仕,官至端明殿学士兼签书枢密院事。宋亡守志不仕,终年八十四岁,著有《则堂集》。

仇远①《朝天门城角》

飒飒秋风起白榆,山前吹彻小单于。

行人便作边城听,忘却杭州是故都!

注:①仇远(1247—1326),字仁近,钱塘人,自号山村,南宋遗民诗人。元大德年间,五十八岁出任溧阳儒学教授,不久罢归,居杭而卒,享年七十九岁。

三五、天街协会

协会是现代的名词，南宋文献中称为"社会"，与今天的社会一词容易混淆不清，故改用协会。南宋京城协会之多，令人惊奇，因为这是现代社会才有的现象，除了同业公会和同乡会馆，从未听说过元明清三朝有过这么多的社会团体。南宋京城协会，大约可分以下三种：1. 行业协会，类似民国时期的同行公会，负责保护成员的利益、集体面对官府、加强内部交流、帮助成员解决困难等；2. 兴趣爱好者协会，以切磋技艺，提高水平，扩大影响为主；3. 宗教

鲁宗贵《买春梅苑图》局部

信徒联谊会，集中财力，共同办好每年的法会，弘扬法旨，求得精神的寄托。《都城记胜·社会》中记载的协会有：

●文士组成的西湖诗社，"此社非其他社集之比，乃行都（京城别称）士大夫及寓居诗人，多出名士"，故居协会之首。南宋诗词集中果然可找到他们活动的踪影，比如以某一主题某一韵脚，发动社员一起吟诗各呈其艺。其中的西湖十景词三十首，就是周密邀集另两位的共同创作。

●南北垕（音 hòu，意同厚）斋、西斋，皆依江右（指江西地区）的谜语法则，加上吟诗的技法，选有成就、有名望者集而为斋，颇似谜语爱好者研究会，在南宋演出中有一项颇受欢迎的打哑谜、猜谜的有奖活动，可能与此有关。

●蹴鞠打球社，传统足球协会。堪称全球最早的"足

刘松年《西园雅集图》局部

传为马兴祖所画《香山九老图》

马远《蹴鞠图》中的蹴鞠爱好者

协"。马远有图画南宋踢球盛况，人物动态极为生动。

●川弩射弓社，川弩当为四川制造的连发弩机，可谓射弩射箭爱好者协会。

●锦体社，即文身研究会。《水浒传》中有花和尚鲁智深、九纹龙史进等都是文身出名的好汉，曾为宋代一种流行的时尚。

●渔父习闲社，中国最早的钓鱼爱好者协会，喜欢简称的宋人可能也曾简称其为"钓协"。所以我们看到宋画中的钓翁，没准儿就是它的会员。

●小女童像生叫声社，"像生"即模仿得与真的一样，估计是模仿各种鸟叫。南宋末年谢太后祝寿有个节目名为"百鸟朝凤",就由一名口技女演员上场,以"像生叫声"营造出百鸟齐鸣的仿真效果。平时瓦子表演,也多有口技一项。故此社实为少女口技培训班。

●遏云社,即男、女高音歌唱家协会。至于女童清乐社,"此社风流最胜",因为"清乐"专指两种乐器的小合奏,如箫与古琴等,最受士大夫们喜爱,乐于欣赏。

●七宝(指黄金、白银、琉璃、珍珠、琥珀、珊瑚、玛瑙七种工艺原材料)社,即京城工艺美术家协会,直接从事工艺品的创作,如他们在霍山张王生辰庙会上的展品琳琅满目,令人惊叹,如珊瑚树数十株,有高达三尺者,有玉带、玉碗、玉花瓶、玉盘、玻璃杯盘、水晶

刘沧凌摹元人《闹茶图》局部,实为宋人闹茶

佚名《竹林拨阮图》局部

萧照《中兴瑞应图》中的康王府中侍女群，可以
想见南宋临安王府贵宅中侍女之多

器、猫儿睛（绿色夜明珠）、金鞍、绣鞍、玛瑙器以及各种奇宝，如镶嵌物件、透犀物件、玳瑁物件、七宝物件等。

●七宝考古社，"皆中外奇珍异货"，从字面看，可能类似今之鉴宝会的专家组，考辨器物的真伪，给个价码参考，自然要收鉴定费。

●马社"豪贵绯绿"，这是豪富之人的养马和骑术研究会，不是一般人玩得起的。

●花果社，究竟是花果栽培研究会，还是花果销售同业公会？尚难确认。

●奇巧饮食社，即饮食创新开发研究会，难怪大小酒楼菜单、汤羹及面食品种有几百种，可谓眼花缭乱，目不暇接!

●表演方面还有苏家巷（原在官巷口南）傀儡社，即木偶制作表演研究会；皮影社，即皮影戏工作者协会。

●宗教性的有：上天竺寺光明会，全市性佛教善男信女的联谊会，集资筹备佛会香烛，斋饭布施及本寺一年之用。寺中凡有营造修建，会员们就会"招集前去助缘"。又有茶汤会，每遇各寺院作法会，便前往其寺，向与会信众提供免费茶汤"助缘"。南宋末年在西湖边放生处新建的德生堂（约今望湖楼处），并非官府营造，而是民间投资，其中一定有他们的慷慨捐助。

●信奉道教的有灵

据考证，此图画的是南宋贵族的悠闲生活。撑着卷轴画的服务生，在南宋属于专业的生活服务单位"四司六局"。红桌上放着玻璃器皿，显示着业主的非凡身份与华贵

南宋梁楷《黄庭经图卷》中在寺观走廊为人画像为生的画工（作者临）

宝会，凡遇玉皇大帝诞日（正月初九）、梓潼帝君诞辰（二月初三）、北极佑圣真君诞辰、城隍诞辰（二月初八）等，皆有集会，士庶灶香纷然，诸行也有献礼，"内官（内侍官员）府第以精雕镂筠鸟笼养畜、奇异飞禽迎献"，尤为可观。

南宋京城有这么多的民间团体，涉及社会生活的各个侧面，显然是在政治宽松、学术自由、经济文化空前繁荣发展的前提下才能产生和开展活动的，因而也是社会文明的巨大进步。它们只有一个被称为"行头"的"法人代表"，每当它们参与公益活动，如参加元宵跑街表演，为某庙会举办展览，临安府必加发犒赏和加班费，《梦粱录》等书都有所记载。

三六、天街作场

　　作场是一个现代人看不懂的名词。且以山西洪洞县广胜寺元代一幅壁画为例，画的是一个戏班的演员群像，后为布景画大幕，幕布上有一横幅，上书"大行散乐忠都秀在此作场"，意即这家以忠都秀为班主的散乐戏班在这里表演，与今人所说某某演出队在此作一场时装秀云云，就是一个意思。

　　《西湖老人繁胜录》中载："前杈子里、贡院前、佑圣观前宽阔所在，扑卖并路岐人在内作场。"扑卖即小商小贩及算命看相等人在此摆摊谋生，路岐人就是拖家带口、卖艺为生而尚未进入瓦子勾栏的流浪艺人，临时在此卖艺挣钱，包括民间书画家在此当众写字作画寻求买主。由此想到李嵩所作《骷髅幻戏图》，美术界皆言其意秘不可晓，其实就是路岐人在途中休息，趁机操练技巧而已。女主人身后有土墩，上竖木直书"五里"二字，此即记程碑，称为"堠"，古代以"五里为一堠，十里为一亭"记程，画中以此表明人在旅途。男主人趁闲自扮骷髅，练习提线木偶骷髅的操纵技巧。这种以骷髅为造型的表演在宋代颇为流行，以至北宋宣和年间宋徽宗在汴京皇城南大门宣德楼上"与民同乐"，观赏城前广场的表演时，舞队中就有一支全都扮为骷髅的队伍，黑衣画白骨，与此图中之人相似。在《都城纪胜·瓦舍众支》中写到杂技手艺说，有"法傀儡"（模仿傀儡）一技，现今也有类似的表演，如模仿木偶、机器人等，所以图中并无深不可测的奥秘。图右侧一女与趴地小孩，只是表现了观众对此技的惊奇，以衬托路岐人表演的成功。为了表现路岐人作场，我在

山西水神庙元代壁画《忠都秀在此作场图》

创作《临安年市图》时，在显著位置画了一群人围观路岐人作场表演杂技的场景。

作场自然不限于图中的傀儡表演，打拳耍棍、擎石吞刀，说唱、吹笙、变戏法、作画卖画……都曾是我们在城市街头巷尾常见的现象，最近视频中还见一老者在路边

戴进《太平乐事册图》中的家庭傀儡戏

摊纸卖字。《西湖老人繁盛录》写路岐人"在内作场，行七圣法，切下人头，卖符少顷，依原接上。踏伞子，吞剑，取眼睛，大里捉当，三钱教鱼跳刀门，乌龟踢弄，金翅覆射，斗叶猢狲，老鸦下棋，蜡嘴舞斋郎，鹌鹑弩，教熊使棒，擎石球，掇石磴，劈破铁橄榄"等等，无不骇目惊心，既可见路岐人艰辛的谋生之策，也反映了这一支民间艺技在南宋城乡随处可见，未遭限制。

由此还想到南宋画派的奠基人李唐（字晞古），他与弟子萧照南渡至杭后，人地两生，日甚困，卖画为生。估计也只能到天街作场摆地摊。但他的山水画没人买，只要象征富贵的牡丹画，这使他叹道"雨里烟村雪里滩，看似容易作之难。早知不入时人眼，多买胭脂画牡丹"。美术史上称，后来被太尉邵渊发现，报告宋高宗，复职待诏（一级画家）。太尉是武职正二品的高官，在正史中未见其名，可见有误。有太尉衔并认识李唐的，只有绍兴十三年（1143）封为平乐郡王的韦渊，即宋高宗的亲舅。北宋末年李唐曾在康王府中教康王

赵构学画，只有韦可能见过李，故由韦"荐于上"，李才能"复职"，才符合常理。已故中国美术学院王伯敏教授在再版《中国绘画史》时选用了我的考证结论，更正了这一讹传几百年的错误，并注明这是我的发现，也算是对我研读南宋多年的一个肯定。

李嵩《骷髅幻戏图》

三七、天街招工

　　以前看到考中进士就能到前所未知的外地上任做官，一直不明白他是如何到任的？后来细读南宋洪迈的《夷坚志》，发现有则故事正好说明这个问题。据说那人就在杭州众安桥附近，头一次出远门，越临近规定到任的日子越忐忑不安。不想不日就有两名外地公差找上门来，正是那个将去的县署专程派来迎接他的，还带来了一套官服和旅资，并将由二人充当一路向导。但这样还无法上路，二人很快找到了称为"行头"的茶坊。这一类似劳动介绍所的茶坊尽人皆知，每天一早集中了各行各业的"行首"（行业协会会长）在那里喝茶聊天揽活。要"顾觅人力"等事，只要同他们商议，就能轻松搞定。于是二人雇了轿夫二人和轿一乘，另加仆从二人，请新官升轿，放心出发了。

宋徽宗《文会图》局部

宋刻《大观本草》插图

　　现代杭州人已经想不出杭州还会产盐了，但直到清末杭州还有"螺蛳门（清泰门）外盐担儿"的民谣，说的就是在七堡等近海处煮盐之事，"盐官"也因朝廷曾在此设置管理盐运与产销的专业机关而得名。此木刻插图真实地表现了宋代海盐的煮制过程。南宋时盐与茶、酒是朝廷专控物资，有一套极为严密的批发销售和零卖制度。由临安府印发的"茶盐引钞"，就是当时批发茶盐的有价证券。商人先付钱购"钞"，再持"钞"到指定地点提货运销。

　　这种行会，是当时的新生事物，我在《天街协会》一节就有介绍，此不赘述。

　　这类行首，以沟通招工与打工之间互不认识互不信任的问题为任务，并作为中间人帮助双方谈妥协议，他则收取双方支付的佣金。由于招工者不限于私人，官府和王府贵邸还不时需要招收基层不入编制的办事员、轿夫马夫、园丁厨娘、仆人侍女，以及各大酒楼瓦子需要的管账厨师、跑堂迎宾以及各演艺人员，不时有人期满离去，就不断需要有经验有技术的新人入职。行首们有

傅伯星《制瓷图》（现在官窑博物馆）

　　宋高宗定都临安后，"袭故京遗制"，设置官窑，为宫廷生产专用瓷器，满足饮食、祭祀和陈设等方面的需要。杭州有关部门经多次考古发掘，发现了修内司窑和郊台下窑两处官窑窑址。这里所引之制瓷工艺过程图，皆为笔者为官窑博物馆所作

　　宋代是中国瓷器发展史上的重要时期，北宋涌现了汝、官、哥、钧、定以及龙泉、景德、耀州等许多名窑，其中哥窑、龙泉窑皆在浙西。在彩瓷问世以前，宋代以青瓷为主，而龙泉窑所产是青瓷中的代表产品。南宋修内司窑产品与北宋官、汝窑产品相似，都是紫口铁足，表面有蟹爪纹开片。官窑产品器物造型精细规整，注重釉色，不重纹饰，素面无纹，器形端庄大方，富有贵族气质

着谈不完的业务，反映了南宋的经济不是固化的，而是流动的；不是人身依附性的，而是按协议办事的，无论公私按签好的合同办事，休假、加班费、来去路费都有约定，并有期满即离的自由。经济的发展扫荡了唐代人身依附的残余，人身自由进一步推动着社会文明的进步。以上所说仅属于私人用工，京城更多更大规模的招工，是"国营企业"，如兵器监额两千五百人，文思院所

傅伯星《制瓷图》（现在官窑博物馆）

属绣房女工五百人……"地方国企"十三家酒厂及未计数的醋厂，都要专业工匠。除了有关单位直接征招，无以数计的各类工匠都会通过行会入职。

还有一则故事是说一个在临安拼搏多年终于有房有钱的青年想找一佳偶，苦无熟人相助。这时有人告诉他可找升阳宫前某茶坊的王干娘。王干娘收了"喜钱"，说她手中正有一个好对子，那就是慈福宫中放出宫的大龄宫女云云，说明茶坊还有类似婚介所的功能，可能是每天进账满满的"行首"们带给王干娘们挣外活的启发，有钱大家挣，似已成了"都人"的共识。

据《梦粱录》等书记载，天街"行头"茶坊业务非常广泛，一旦发生雇工逃逸，也不用担心人财两失，由各行行头引领，让当地担保人"前去跟寻（跟踪寻找）"，"从无失节"。如果要操办红白喜事，宴客众多且连日筵席，那就有专伺其事的所谓"四司六局"，分工精细，不劳指点而包你满意，欲知详情，且听下回分解。

三八、天街筵席

说到"四司六局"，不要以为司、局就是官方的机构！在临安府所辖的业务机构中根本没有它的名字，《梦粱录》中它不和"府治"放在一起，而和"社会"放在一起讲述。按照它的工作特点和性质来说，"四司六局"就是一个为主顾举办酒筵进行一条龙服务的、临时性的、民间自发的组织，筵罢人散，待收拾完毕，也就自动解散，恢复原状，各干各活，既不存在什么具体的办公室，或在那里挂着一块"某某四司六局办公室"的招牌，总之消失如水银落地了无痕迹。等到有了新的业务，它又冒了出来，生龙活虎地、有条不紊地、分工合作地完成新的工作。这就是南宋第三产业中产生的全新的、几乎绝无仅有的服务形式。

四司：一为"帐设司"，专掌仰尘（天棚）、屏风、帘幕、匾额、悬挂的书画、桌围椅披的摆放等。

二为"茶酒司"，掌管红白喜事的筵席，包括迎送亲姻、请宾客入座、送茶上菜、斟酒暖酒、该用的金银器皿齐全不缺。如白事有僧道，则布置好他们做法事的场地，并提供素食服务。

三为"厨司"，掌管筵席所用生熟食材，放料批切，配菜盛盆，调和精细美味羹汤，前后两场筵席每场九道主菜，同时提供开筵前客人坐歇时的饮品和消闲零食。

四为"合盘司"，掌碗碟一应餐具的清洗，做好把菜盛盘、送菜上桌、劝

辽墓出土壁画中的两个妇女，一个在和面，
一个托盘上桌，盘中有馒头和包子

辽墓出土壁画：上酒

客品赏，并把放酒杯的小盘放好。

六局为：

一为果子局，负责摆放时令水果、南北京果（蜜饯）、海腊肥脯、像生花果、劝酒食物及看果（观赏品）。

二为蜜煎局，负责摆放各种蜜饯。

三为菜蔬局，负责供应筵席上各种异品菜蔬、时新品味等。

四为油蜡局，负责灯火照明，点蜡烛、剪烛花、立灯台、设竹笼，以及冬季室内升炭炉等。

五为香药局，负责龙涎香、沉脑香、清和香、清福异香的使用，香垒、香炉、香球的摆放，以及装香、铲尽香灰、换香，准备醒酒汤、香药饼，供客酒后索唤。

六为排办局，负责各种桌椅的洗涤拭抹，场所的清扫等事务。

"四司六局"分工明确，执事利索，从无差错，不需东家指点，皆有奇效，令人满意。即便外出去园林场馆或画舫中宴集宾客，也能办得出人意料的顺遂圆满，以至官府春宴、同乡宴集，甚至新进士们的"鹿鸣宴"，都包给他们承办，任何细节不会马虎……南宋虽已远去，八百多年后今天的湖州乡间，还存在这种服务形式，为人操办红白喜事，三五人而已。桌椅碗碟瞬间而集，搭棚起灶，洗菜起锅，红肉白鱼，依次上桌，招呼劝饮，热情若主家人。乡间办宴一连三日，宴罢收拾，如风卷叶，转瞬已毕，了无遗渣残垢，挽筐挥手而去。对比南宋四司，唯剩厨司，然旧韵犹存，古风暖人，幸耶？

河南温县宋墓出土庖厨雕砖

三九、天街艺人

　　宋代的艺人就是演员，包括各类表演和演奏乐器的人员。当时最盛行的表演形式是杂剧，是教坊（宫廷歌舞团）十三部中的正色（最核心的演出组）。杂剧表演的艺人，每场杂剧四五人，"末泥"（类似舞台调度）为主角，引出"戏色"介绍剧情，类似今报幕员；"副净色"假装憨愚，"副末色"插科打诨，这二人颇似今相声二角；杂剧表演一个完整的故事，力求滑稽，唱

傅伯星《茶宴舞乐图》

念，应对通达，隐含谏讽，供人鉴戒。表演结束，由"把色"吹曲破（一曲突然刹住）。如由副净、副末二人单独表演，就好比今之化装相声，称为"杂扮"（或杂班），宋画《卖眼药》，就是杂扮的真实图录。

据《梦粱录》记载，融和坊（约今高银巷）、后市街、众安桥下瓦等处，杂剧班子有少女为末泥，配以弦乐和几套乐曲，就能于宴席间献艺赚钱了。自南宋景定初年（1260）以来，有名的女艺人三十三名，包括擅长其他表演形式的，如金赛兰、范都宜、唐安安、潘称心、苏州钱三姐、婺州张七姐、沈盼盼、徐双双等。

说唱艺术，张五牛大夫是南宋初的名艺人，演唱传奇灵怪故事，有说有唱，配以鼓板，如不击鼓，只敲瓷盏，称为"打拍"。南宋末年的名艺人有：窦四官人、离七官人、周竹窗、东西两陈九郎、包都事、香沈二郎、雕花杨一郎、

招六郎、沈妈妈等，"路岐人"也有唱得音律端正的，如王双莲、吕大夫等。专讲小说"银字儿"，时称"舌辩"，内容包括"烟粉（爱情）、灵怪、公案、朴刀杆棒发踪（迹）之事"与"汉唐历代书史文传、兴废之事"，有谭谈子、翁三郎、余二郎、王六大夫、戴书生、周进士等十四人，内有女性张小娘子等三人。咸淳年间（1265－1274），讲中兴名将传，"听者纷纷"。

还有一大批从事"百戏"表演（杂技杂耍）的艺人，如踢弄人谢恩、张旺、宋宝哥、沈家强、汤铁柱、鲍老儿、小来强、小娘儿等二十七人，凡遇朝廷大节会被征入宫表演，"俱有大犒（赏）"。路岐人中艺术高超者有包喜、施半仙、金时好、范春、陆胜等十四人。表演悬丝傀儡的高手有金线卢大夫、陈中喜等；表演杖头傀儡的高手有刘小仆射，"家数（技巧）最奇"。还有巨灵神、姬大仙等六人。北宋汴京的皮影戏"以素纸雕簇"，南宋"以羊皮雕形，用彩色妆饰"，临安"有贾四郎、王升、王闰卿等，熟于摆布，立讲无差"。

角抵（相扑，又名争交）是南宋又一项表演性的体育活动，朝廷大朝会、帝后圣节与御宴时都有这项节目，由军头引见司选拔选手上场表演。市井瓦子也有相扑表演，南宋末年名手有周急快、赛关索、赤毛朱超、铁梢工、韩铜柱等十人，表演性相扑的女选手有"嚣三娘、黑四姐等一众女流"。

以上记载虽然限于宋理宗景定以后十多年的情况，却足以看出南宋一个半世纪内经济推动文化全面兴盛、表演艺术领域人才济济的总体面貌，宋后元明清三朝的表演艺术再没有出现过如此百花齐放、丰富多彩的状况。这巨大的变化和差异，不由人想起南宋初年有几首尽人皆知的诗：一是"山外青山楼外楼"；二是"白塔岭前卖地经"，讽刺当时对金妥协的国策；三是"鹁鸪腾飞绕帝都，暮收朝放费工夫。何如养个南来雁，好传沙漠二帝书"，直接讽刺宋高宗，却没有遭受任何不测之祸。说明宽容，包容，允许批评，不设禁区，是文学艺术获得全面繁荣的必要而根本的前提。只要其中一位诗人因言获罪，那么，南宋文化的百年繁荣就不会出现了。

　　另据《武林旧事·诸色伎艺人》载，除去"御前应制、画院、棋待诏"三类体制内人员外，书会 6 人，演史 11 人，嘌唱 13 人（内女性 4 人），鼓板 14 人（女 1 人），杂剧 35 人（女 1 人），杂扮 26 人，弹唱因缘 11 人，唱京词 4 人（女 2 人），诸宫调 4 人（女 3 人），唱耍令 17 人，商谜 13 人，舞绾百戏 11 人，（扮）神鬼 4 人，撮弄杂艺 25 人（女 1 人），耍泥丸 4 人，踢弄 3 人，傀儡戏 10 人，顶撞踏索 4 人。相扑 44 人，乔（表演）相扑 9 人，女飐（女子相扑表演）7 人，举重 6 人，打弹子 6 人（女 1 人），蹴鞠 5 人，射弩 5 人（女 1 人），吟叫 6 人，教走兽虫蚁 5 人，另三人以下表演项目 14 种 28 人，个别项目不知其详。

四〇、天街画铺

二十世纪九十年代我写过一文，考证宋代肖像画，经我搜寻，宋代哪怕很偏远的县城也有一二家画铺，画铺不是卖山水花鸟画或书法，画师们的营业范围包括以下几种：1. 替人画肖像；2. 替过世的亲人画遗像；3. 替官府画追捕人犯的肖像，以便张贴通缉；4. 替当地或附近神庙画神像（线描或重彩价不同）；5. 应主顾之约，画一些带有创作性的历史名人像或美女像。

当时的风尚已与现今趋同，凡升学、中举、入仕、晋级、退休等人生重大时刻，都会请画师画像，称为"写真""写容""留影"，画好裱成立轴挂在书房或卧室内。如新考中的进士李南金为此请人画了肖像，作诗"如今各样新

佚名《高士图》

从图中可知南宋肖像画的流行与普遍，如同现今之照片，为屋中不可缺少之物品

装束，典却了清狂卖却癫"，表示要好好做官了。在一幅名为《高士图》的宋画中，主人坐在榻上，身后的立屏上就挂着他的一幅肖像。少女少妇为了留住自己的青春美貌，也请画师对着自己写生。梁楷在《黄庭经》图卷中就画了一名画师正在寺观的走廊中对着美女写生，一手扶着画板，一手握着毛笔，姿势与今写生无异，但用毛笔写生，不见如何起稿，当时用纸作画还没有普及，大都画在光滑的绢上，难度之大可想而知，真想不出他是如何掌握不出错的（落笔不能改）技法的。坐在他对面的美女摆定姿势，坦然中有点矜持，不以为怪，毫无羞怯，表明这种事在当时已稀松平常。

程颐画像

陆游一生中画了八幅肖像，注明画师姓名的只有一位，说明这个行业在南宋已很普遍，就像现在请人拍照后不会在照片后写明某某所摄一样。如果某一书生暗恋某位美女，也可请画师暗中画下她的容貌，尚无侵犯肖像权一说。

程颢画像

南宋文人也承认不少画师写生水平一般，大都只是"画衣冠书姓名"而已，但剧烈的竞争也促使写生技能的提高，不仅能对人写生画得很逼真，还能凭记忆画出昨天

苏辙画像　　　　　　黄庭坚画像

王涣画像　　　　　　睢阳五老之冯平画像

刘松年《中兴四将图》中的岳飞与卫士像

"前头客"的模样，令旁观者一看便知，表明画像如真人，《夷坚志》有几则故事就写画中美女走下画框，变成真人，与人相恋，可见现实中一定不乏写生能力超群的画师。传今的宋人肖像画如《睢阳五老图》《程颐像》《程颢像》，可见佚名画家对人物面部结构的理解与把握，对人物特征的准确勾勒，对精气神的表现生动而利索，各具特性毫无雷同。

值得一提的是，临安天街有一家最有名的画像店，店主兼画师叶德明，已经不是在路边"设棚写真"的原始经营方式，开店写真、装裱一条龙服务，有雇工和装裱作坊。杨万里有诗，《赠都下写真叶德明》云："……叶君着眼秋月明，叶君下笔秋风生。市人请画遭唾骂，只写龙章凤姿公与卿。肯来为予写衰容，掷笔掉头欣入妙。相逢可惜迟十年，不见诗翁昔年少。"另一首写他的店堂，两面板壁上贴满了未装裱好的画心（指有画面而四周尚无绫边），画像中有新升级的官员，有边境立功的将军，有致仕（退休）的乡贤，有秀才，有学士，有贵妇和小姐，甚至还有刚读书的少年，琳琅满目，成为招徕顾客的广

《无准师范像》

告，因而名满京城，稍有名望的人都要请他为自己画像，但若无高额笔润（具体数额已忘），根本不予理睬。杨万里请他画了一次，非常满意，多年后回到江西老家，又写信给画师再求一幅，过了一段日子收到叶寄来的肖像，给他加画了胡须，加画了身后有松竹的背景，神清气朗，令杨万里喜出望外，不胜感佩，谢之以诗。虽然杨万里诗中没有写出画铺在天街的具体位置，但总算为宋韵之都的天街添上了一个不可或缺的镜头。

四一、天街福利

今中山中路惠民路之名，来自南宋时设在市南坊（又名巾子巷）西端的惠民和剂局，也即免费给民众看病送药的官办医药分局。在众安桥北，也有惠民和剂局北局。为方便全城百姓看病取药，除了戒子桥总局（后详）外，下设东南西北四个分局。

临安府又在戒子桥（约在劳动路北以西）设立施药局，派官吏监督，按药方配制成药，给前来看病的人免费诊视，配药医治。朝廷每年拨给施药局十万贯，并推行赏罚，督促医务人员全心全意为人民服务。

施药局旁设慈幼局，由官府出钱雇佣奶妈，收养弃婴和失去双亲、家中无力抚养的孤儿，养在局中，每月拨给钱米绢帛使有温饱。养育成人后，听其自便，自择职业，官府不作约束。若有民间爱心人士愿意收养局中婴儿，官府也不阻拦，每月照发钱一贯、米三斗，以连续三年为限。

临安成了京城后，朝廷十分重视社会福利的实施，每逢帝后圣节、皇子降生、庆典大礼，或雨雪不断、民生艰难，朝廷就颁榜宣布赐给军民各二十万贯纸币，凡官私房屋与地基的租金免除五日至半月。若遇荒年粮食歉收，米价暴涨，官府就设置米场，用官府的储备粮米实施赈济，压低粮价。若遇火灾，官府就派员登记受灾百姓。并按各家人口数发给钱粮。城内外共设柴场 21 处，准许各机关和百姓就近购买，比市场价低廉。

临安府委派钱塘、仁和二县知县设置养济院，由官府出钱米，收养辖区内的孤寡老人和贫困病残不能自存之人。二县又置办了 12 处漏泽园，收埋寄留在寺庵的无主棺材，和暴露在荒野中的遗骸，另置屋供死者亲属春秋两季来此祭奠，由官府委派两名有德行的僧人主管其事，并每月支给钱米。

寓居京城的不少外郡成功人士，大多恤孤念苦，敬老怜贫，只要看到艰苦寡欢之人，就周给钱物，助其生活。或在夜间用纸用帛包了碎银纸币，悄悄塞进贫苦人家的门底窗缝，不求一言半句谢语。那时人们虔诚地相信："作善降百祥，天神佑之；作恶降千灾，鬼神祸之。"

四二、天街观礼

一、郊祭概况

在古代，郊祭是每个朝代最重大最隆盛的国家级典礼。郊祭指的是皇帝亲自主持、在郊外祭台上祭祀天地祖宗，祈求国运长久的活动，历以九月上旬举行，每三年一次，另外两年改在宫内举行，称为"明堂大祀"。南宋的祭台，设在玉皇山南，高四层，圆面，自下而上递缩，最上层为皇帝敬天祭祖处。所谓天街观礼，即指其时天街百姓能看到皇帝出和宁门去太庙、去景灵宫祭祖来回的过程，以及难得一见的随行仪仗队盛大浩繁的场景。至于皇帝祭天，他们是看不到的，这里也就不说了。

郊祭虽然只有三天，实际上在这一年初就开始了，大约分三个步骤。

第一步是准备阶段。当年春天，先是诏告天下，入夏修筑从嘉会门到郊坛的道路。七月起进行驾车和驯象训练，每天从太庙到和宁门，来回教习，使大象能听人口令做到围转、成列、投拜、鸣叫，皆如人意。届时"御街观者如堵"，争看难得一见的大象训练。聪明的商贩立即制作泥塑或木雕小象，加上彩画，在天街叫卖兜售。参加郊祭的所有乐工，每天集中在观桥大街贡院进行排练，务使做到"竞奏无违节"。所有参加郊祭的文武百官、随从吏员，每天到六部桥尚书省集中，练习所有相关礼仪，以免临场失误。一南一北，都是天街群众围观的对象。

第二步是序幕。九月上辛日是隋唐以来规定不变的行郊祀礼的黄道吉日。此前三日，皇帝就得入宿文德殿，净洁身心。殿门外至丽正门，禁军密布，巡逻如穿梭。丽正门外广场设"警场"，排列大鼓两百面，从日落到三更，每一时辰大鼓齐作，声震天地，天街及两侧人家皆闻。次日五更，皇帝乘逍遥辇出和宁门，在两列长长的莲花托底大蜡烛的导引下，有五十队仪仗队卫护，沿天街北上至景灵宫祭祖，祭毕原路返回，至太庙宿斋。这时天色已明，天街两旁站满了围观的民众。虽然警戒森严，但并不禁止民众观看。五更，皇帝出斋殿，由礼值官引导，到列祖列宗牌位前行礼，并取出宋太祖、宋太宗、宋高宗三块神主，交给南班皇族，由他们护送到郊坛安放。

第三步是郊祭高潮。第三天三更，天下人还在沉睡，皇帝出太庙登玉辂，由仪仗、禁军卫护出嘉会门，直奔郊台，文武百官，骑马随行，直至登坛主祭，祭毕返回，经"勘箭"，守门官确认来者为皇帝本人，开门迎入皇城。待皇帝

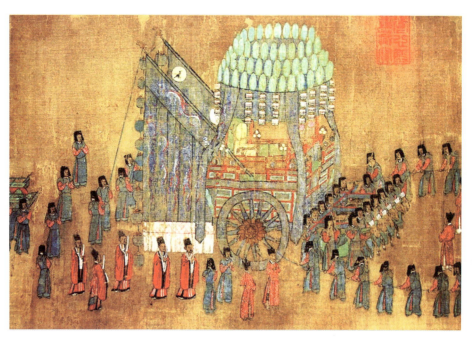

仪仗队的玉辂

更衣后，登丽正门城楼，宣布大赦天下，至此，郊祭所有项目完成。但第三步的整个过程，天街百姓是无缘目睹的，咱就免费口舌了。

二、郊祭仪仗

郊祭是朝廷最隆重的大礼，皇帝出行要有最高规格的仪仗。"仪"是指表示礼节、等级的器物，如旌、旗、伞、盖等，"仗"是指持有象征性武器如木箭木斧木枪等物的卫队，合称"大驾卤簿"。宋高宗时的总人数为15000余人，朝太庙时为10000余人。宋孝宗时改为大驾6800余人，朝太庙时减为3319人，从此成为定式，再无改变。天街百姓要观的礼，就是这支巨大的平时难得一见的五光十色的队伍。

仪仗队以六头大象为前导，依次为六引队、金吾纛（极大之旗）、矟（极长之矛）队、太常前部鼓吹队、持钑（铁杆小矛）前队、六军仪仗队、龙墀旗队、金吾牙门第一门队、八宝舆队、殿中伞

仪仗队的金吾纛旗

仪仗队的三车

仪仗队的押牙

扇舆辇队、驾前诸班直队、玉辂奉宸队、驾后部队、持钺后队、太常后部鼓吹队、黄麾幡队、金吾牙门第二门队、前部马队、步甲前队、金吾左右道牙门第一门队、前部黄麾仗队、青龙白虎旗队、剑班义刀队、亲从散手环卫翊卫队（皇城司高干子弟武警）、金吾左右道第三门队、后部黄麾仗队、金吾左右道牙门第四门队、步甲后队、金吾左右道牙门第五门队、后部马队等，共30支分队。

这支队伍大约可分为四类：

1. "宋制旗物尤盛"。凡有象征吉祥昌盛、文德武功、长治久安、天下太平意义的图案，"悉缀其尤殊者，增制旗物。上以丕承天贶，下以耸动民瞻"，同今天游行时展示伟大成就图板的彩车同一意义。这些旗子上，有的绣着龙、虎、熊、豹、龟、蛇等动物，有的绣着日月星辰、合璧连珠、风雨雷电、星宿祥云、双禾嘉卉等图案，有的绣着大字如"天下太平""君王万岁"等赞词颂语，旗的形状各异，颜色各别，行走时飘拂如彩云翻动，蔚为壮观，不可多见。

2. 各式象征性木制武器，如戟、殳、叉、爪戟、仪钺（斧形）、班剑、御刀、刀盾、幰弩、号箭、镫杖、柯舒、车辐、鸣鞭等，涂青红二色，下垂拂丝，或下缀系有铜铃的五色飘带。鸣鞭由内侍二人执之骑马在前，鸣鞭示警，使观者退避。

3. 马队侍卫，称为"甲骑具装"，骑士与马全都身披铠甲，马首盖铜面，仅露两眼，马屁股的披甲上装有翘起的饰物"拂尘"。骑士称供奉官，手执金漆杆球仗，球如黄金瓜涂银。

4. 随行服务人员，如茶酒班、执烛灯笼亲从、快行亲从、当食官、驾士班直、呵喝人员、诸作工匠，其中仅鼓吹与导驾乐队就有 900 多人，皇帝专车的驾士 232 人，皇帝专车有玉辂、金辂、

仪仗队的甲骑具装

象辂、革辂、木辂五种，为玉辂车服务的辇宫 450 人。此外还有小型的逍遥辇、平头辇等。

这支浩浩荡荡的队伍出现在天街，"千骑万乘，如云奔潮涌，珠翠锦绣，绚烂于二十里间"。但车驾所经之处，饱了眼福的两旁商家店铺须事先准备好"彩缎钱酒"，向过路的大队赠送"慰问品"，并跟随队伍中的"喝唱"，高呼"万岁万岁万万岁"。

三、"小三娘子"

随着佛教的传入，象被视为吉祥有灵性的动物。据《西湖老人繁胜录》载，南宋末期有外国进贡的大象六头入京，其中有一头小母象，憨态可掬，人们给她取了个名字：小三娘子。临安府在荐桥门外（约在今清泰街章家桥以

东）建造了一座象院，用来安顿这六头大象。每日天未晓，五头大象和"小三娘子"就出门了。走在前面的是几队扛锣背鼓的人，接着是举着各色彩旗的数十人，每头大象的背上各坐一人，"小三娘子"则由人牵着，此人被称为"象人"（即驯象师），裹帽（估计是东南亚人以布裹头的装束）执钁（本意为挖掘土地的农具，形如镐），穿着紫色布衫。跟在象后面的人全都裹帽长衫，和宋人的衣冠明显有别，走在街上是很惹人注目的，但这时还是拂晓前的暗夜，锣鼓也未打响，街上还少有行人。等他们往西走过荐桥，走到天街拐向南去，天色渐明，宿雾渐消，街上的行人骤然多了起来，开始有人驻足观看这支难得一见的队伍，只有"老道儿"们知道他们的去向，步履蹒跚的"小三娘子"尤其受到人们的关注，指指点点，无比喜爱。

象队走到和宁门外，立在门前小广场上，随门官到大门前"唱喏"，发声鸣叫，点头若叩拜状，然后分列两旁，静静地看着官员们鱼贯而入。等到"六更"（约七八点钟），百官下朝，乘轿散去，象队才列队原路返回。这时正是早市最旺盛热闹之处，朝天门内外、洋坝头人流如潮，人声鼎沸，象队前的锣鼓一路不停地敲打，让人让道。彩旗翻飞，远看如彩云涌来。早市里的儿童、少女最欢迎"小三娘子"擦身而过，大胆的还会伸手去抚摩一下，或者买一段甘蔗等瓜果送到她身前，许多儿童一直追着她走过水巷桥、荐桥，才被大人们高声喊回。荐桥大街两旁又冒出一批新的追随着，一直送到象队出了荐桥门，才恋恋不舍地结束他们的充满激情的追逐。

《西湖老人繁胜录》记载的究竟是南宋的惯例，还是他见到的南宋末年的情况？

无从确认，但它的新奇，值得一书。

四三、天街民俗

一、婚嫁

　　天街没有特殊的婚嫁礼俗，本文介绍的其实是整个京城的相关情况。从《梦粱录·嫁娶》一节的记载来看，从双方第一次由媒婆从中沟通到完成嫁娶全过程，烦琐得令人厌烦，幸亏这一切都落在双方家长和媒婆的身上，当事人基本上一事不管，难怪古代稍有自主意识的青年对此极为反感，要冲破旧礼俗的罗网寻求自己的真爱了。

　　嫁娶的第一步是由女方家长通过媒婆，给他们相中的男方家长送"草帖"，即只写明女方出生年月日的帖子。男家用它去问卜或求签，得知新人双方命相和合而无相克之处，男家才回一份相同的草帖。女家同样经占卜得知大吉，便由媒婆通知男家发去"细帖"。帖上须写明男家三代官品职位名讳，议亲的为家中第几位未婚青年，及其生辰八字（年月日时）和现任职务，父母现状，主婚何人，开列为其所有之金银、田地、财产、宅舍、房廊、山园等项。女家回细帖，式同上，称"定帖"，然后两家择日交换细帖，算是定论。

　　第二步是"相亲"。由男方择日备酒礼至女家，或借园馆，或借画舫，男女当事人见面，这是他们婚前唯一的一次相见！如新人中意，即以金钗插发髻中，称为"插叙"；若一方不满意，则送彩缎二匹，称为"压惊"，从此好事作罢。满意的双方由媒婆向男家商议定礼，告知女家，择日送达。女家回礼，从此双方送来送去，加强感情联络，其间极烦琐故从略。直到选好嫁女娶亲的吉日，提前三天男客送去催妆花髻等化妆品以及画彩钱果之类，前一日，女家先去男家铺房，挂帐幔，布置新房，事毕，女家派亲信妇女与随嫁丫环二人看守新房，不让他人进入。

迎亲日，男家准时列队前往女家迎娶新人。委派街司（类城管）等人抬着妆台、照台（铜镜架）、裙箱、衣匣、交椅及花烛、花瓶、香球、沙罗洗漱（铜洗脸盆等）等物，在雇来的乐队的吹打声中，引导迎新的花轿或棕担藤轿，穿街过巷，到达女家。女家用酒食款待迎亲队伍，向围观人群散发五彩糖果、利市钱，一阵热闹后，乐官作乐，茶酒司念诗词，催请新娘出阁登车（即轿）……到得男家门外，又一番求红包的热闹，种种繁文缛节，不欲细说。虽然这一整套程序令人生厌，但这就是历史的印记啊！

二、育子

杭城人家媳妇有喜，到了将要分娩之月，外舅姑家就要用银盆或彩盆盛放粟秆一束，盖上锦或色纸，上簇花朵、通草，粘贴象征多子多福的花样和做成眠羊卧鹿的糕点，加上一百二十枚彩画鸭蛋，以及婴儿穿的五色绣衣，送到女婿家，称为"催生礼"。

孕妇足月分娩，亲戚朋友争相赠送细米炭醋。婴儿出生后三日，剪掉脐带，用灸法灸一次囟门。出生后七日，称为一腊，二十一日为三腊，娘家亲友都送食物如猪腰肚、蹄爪等。婴儿满月，娘家又大送礼，包括钱物、果实、彩缎。操办隆重的"洗儿会"，亲朋好友俱集，烧好香汤，倒入大银盆内。盆中放入洗儿果、彩钱等吉利物，亲友也向盆中投放金钱银钗，称为"添盆"。婴儿沐浴后剃去胎发，装入金银小盒，用彩色丝线缠绕收藏。然后主人抱着婴儿向在座亲友一一致谢，随后抱入姆婶房中，称为"移窠"。贫寒之家，可根据实际情况从简。

婴儿出生后一百天，也设宴庆贺。到来年周岁，在家中堂屋里烧香点烛，陈列朝廷颁发给父祖封官授爵的敕书，在宽大的锦席上摆满了金银七宝玩具、文书佛经、秤尺升斗、彩缎花朵、女工针线、儿童玩具等物，看婴儿先抓取何物，预测他长大后的择业趋向，称为"拈周试晬"。次日，主家设宴答谢亲友。

三、邻里

京城临安是个移民城市，先来为大，落籍钱塘、仁和二县，慢慢成了新的杭州人，秉持杭人"皆笃高谊"的传统，见有新搬迁来的邻居，争相前往嘘寒问暖，主动出借新来家缺少的家什器物，送汤送茶，或指引买卖，不让受欺。甚至代为安排酒食，使尽识四邻，祝贺乔迁，称为"暖房"，体现睦邻之义。此后朔、望二日，茶水往来不废，凡遇红白喜事，邻居都出力扶持，真可谓"远亲不如近邻"。

杭州人若见外来之人受欺侮，必有众人主动上前问清是非，主持公道，保护弱小，决不让弱者受辱、寡者受欺。史传"杭铁头"精神，盖发端于此。

四、闲人

《梦梁录》有"闲人"一节，客观真实地记录了京城花花世界中他们的谋生手段和生活方式。

它考证说，闲人起源于战国时期孟尝君门下的三千食客，对照当时王府贵邸内的情况，训导幼童启蒙教育的老师，称为"馆客"；讲古论今、吟诗和曲、弈棋抚琴、投壶（投箭入壶）打马（博戏）、描兰撇竹，陪主人玩着高兴的，统称"食客"，又名"闲人"。还有一批寄食于他人的，都是一事无成的原世家子弟，无一专长，专陪富贵家子游宴，相从于鞍前马后，甘为驱使，或相伴外地来京的官员财主走动办事，甚至为妓馆书写请柬拜帖，取送物件，求取酬劳，借以为生。

　　专以服侍为生的人，有的也百事皆能，如模仿乡下人入城出洋相，模仿外地人说话，教虫蚁，包括养蟋蟀、演奏音乐、表演手艺活儿、唱词……称为"闲汉"。专事斗鸡、逐兔等，以赌博为业的人，称为"棚头"。专门侍奉权贵子弟，跟着插花挂画，说合交易，甚至助纣为虐，为非作歹，取助人顾问之意，收取

刘松年《撵茶图》局部

酬金，称为"涉儿"。还有一帮专门打探妓家宾客，替买物件，或到酒楼宴饮场所，以献香送欢为由，讨要钱财的人，称为"厮波"。一旦招惹，无不贪得无厌；如不理，就强颜欢笑，百般奉迎，必要搞到满意的赏钱才肯离去。《夷坚志》有多则故事写这些人组团诈骗来京外地官商，以女色诱使他们陷入圈套，难以自拔，最后人财两空，身败名裂。只有极少数人获救得脱，狡徒受到惩罚。每一篇都写得合情合理，丝丝入扣，如临其境，堪称南宋京城黑社会的真实案录，足为世人诫。

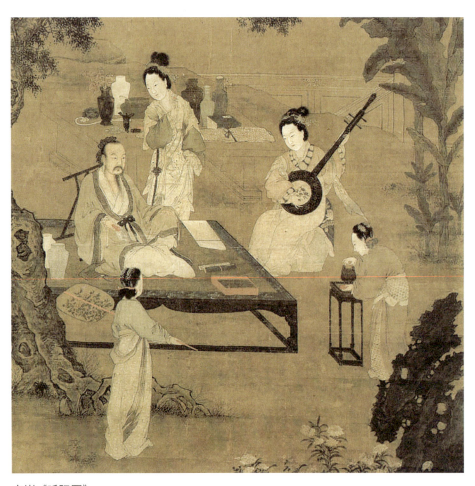

李嵩《听阮图》

四四、天街遗珍

德祐二年（1276）二月，四岁幼帝率文武百官在宫内面北跪拜，向大都（今北京）的元朝行投降礼。接着元军代表入城，宣布改临安府为两浙大都督府杭州路，三月十三日，由元军统帅伯颜负责押送幼帝赵㬎、其母全太后北上大都"行朝觐之礼"，同行有皇族在京全体成员、官员和三大学的全部学生。创造了一个多世纪灿烂文化的南宋王朝就这样落下大幕了。此后虽有三年在南方的抗战，终于以"十万军民齐蹈海"的千年未有的惨烈，宣告了南宋王朝的落幕。

天街随着宋亡，退出历史。街虽犹在，其名已无。酒楼茶肆，笙歌笑语，都变成了南宋遗民笔下写不尽的温馨回忆。街上的一切更发生了巨大的变化。元代至元十四年（1277），南宋皇城被无名大火焚毁，仅存五殿宇，接着拆毁城墙。景灵宫被改作元军教场，有碍教习的建筑被拆毁，明清沿其制。至晚清，演武场已半为民居。巾子巷（惠民路）北的龙翔宫于至元十九年（1282）被焚毁，其址建佛刹寿宁寺。明代改为织造，清承明制，康熙二十八年（1689）改为其南巡至杭的行宫，后毁于太平军，湘军收复杭城，于同治年间（1862—1874）在此建万寿宫。二十世纪五十年代此地仍呼"行宫前"，墙内外一片瓦砾与荒草。

岁月无情，沧海桑田。现在中山中路虽被命名为南宋御街，哪里还有什么南宋遗迹呢？

疑为南宋盘龙高浮雕石础，方石基表面为浅浮雕海波纹，盘龙与波纹皆符合以线为主的宋代绘画的造型特点

现今能确定为真正的宋代遗迹的，约有以下三处：

一为中山南路太庙广场南侧的通玄观摩崖石窟。此观建于宋高宗退位的绍兴三十一年（1161），但建筑已无，整个遗存被锁在某小学校内，若门卫不让进，就永远看不到。所以我认为应该另辟一路，与小学隔开，以方便观者。更值得一提的是，在这处摩崖石窟的下方，竟然还藏着两尊观音石像，一尊较为完整，头饰的造型有点像重庆大足石刻中的观音，目测约高三米，另有一尊半身大佛像，但不知确切制作年代。要看到这处石像必须从白马庙巷往里走，但走到也未必能让你进去，因为门锁着，不知找谁开门。

二为太庙广场北角一块大盘龙石础，我认为应是南宋遗物，它雕工精湛，龙的造型、动态与水纹的处理，完全符合南宋绘画的样式和风格，可惜前几年发现龙身上已有小块缺失。还有吴山上一块直径近一米的石础，础身雕有两只匍匐着的狮子，也可列为疑似南宋遗物。希望引起有关部门的注意，加强保护，比如加盖一亭，使免受风霜雨雪的侵蚀。

北宋建之南星桥与雕栏

　　三为南星桥，此桥是杭州目前仅存的建于北宋的古石桥，位于上城区中河南段，东出江城路，西通凤山路。据南宋淳祐《临安志》记载，名"朱桥，旧名南星"。又记"南新桥"。元代和明朝俗名为"朱家桥"，清初改称"里横河桥"，又更名为"南星桥"。桥长14米，宽5米，单孔石拱桥。16根荷花望柱，10块雕花桥栏，桥拱顶的两块栏板雕刻精细，图案寓意吉祥，花纹多样喜庆，记载了千年前古人所表达的信息。南宋时，南星古桥靠近皇城，桥东面，钱塘江里运输的船筏，甚至逆江而上的海船，都在这里的滩涂停靠，形成了大集市。石桥两边，都是商行、客栈、饭馆、戏院和典当铺，人来人往，热闹非凡。

后 记

　　这本书的写作，起兴于今年早春，发现网上有关御街的话题，盲点颇多，于是动笔以究其详，先在微信的朋友圈中以每日一篇的速度发表，颇受欢迎，又得出版界老友指点，遂改"话说"为"图说"，请刘雨田先生等为摄影，请孙宁女士制作电子版，忙到入冬，忽染时疫，住院月余，回家已在新年，病稍愈，即起改稿至今。方才大功告成，但人亦累趴。

　　谢谢两位合作者的艰辛付出，谢谢"南宋书房"的编辑校对种种辛劳！

傅伯星

2023 年 3 月 1 日